AF314284

Bordeaux   15 novembre 1897

COLLECTION JULES DELPIT

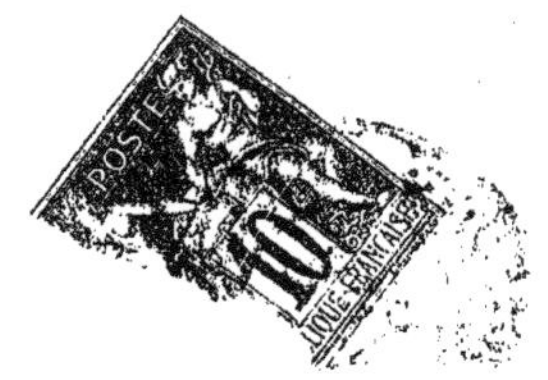

J. D.

Dessins, Estampes, Lithographies,
Portraits, Vignettes, etc.

Collection Jules Delpit

LA VENTE AURA LIEU

Du Lundi 15 au Mardi 23 Novembre 1897

A UNE HEURE PRÉCISE

A L'HOTEL DES COMMISSAIRES-PRISEURS

Rue de Grassi, 12, Bordeaux

Par le ministère de **Me BOUDIN**, Commissaire–Priseur

Rue de Cheverus, 1

Assisté de **M. J.-B. BROUILLIER**, Libraire-Expert

(Librairie Ve MOC[illegible]T, à Bordeaux, rue Porte-Dijeaux, 45)

EXPOSITION PUBLIQUE

Les Vendredi 12, Samedi 13 et Dimanche 14 Novembre 1897

de 9 à 11 heures et de 2 à 5 heures

CONDITIONS DE LA VENTE

La vente se fait au comptant.

Les acquéreurs paieront 5 p. 100 en sus des enchères, applicables aux frais.

Il y aura exposition chaque jour de vente, de 9 à 11 heures.

M. J.-B. BROUILLIER, chargé de la vente

remplira les commissions des personnes qui ne pourraient y assister.

Collection Jules Delpit

Dessins, Estampes, Lithographies, Portraits, Vignettes.

BORDEAUX

Mᶜ BOUDIN
COMMISSAIRE-PRISEUR
Rue de Chevreuse, 1

J.-B. BROUILLIER
(LIBRAIRIE Vᵛᵉ MOQUET)
Rue Porte-Dijeaux, 45

1897

ORDRE DES VACATIONS

LUNDI, 15 Novembre 1897

Dessins originaux. . . .　　1 à 5
Gravures et estampes. .　　52 à 153
Portraits . . .　874 (1) à 874 (102)

MARDI, 16 Novembre

Gravures et estampes. .　154 à 274
Portraits . . .　874 (103) à 874 (197)
Vignettes . . . .　925 à 948
Cartes　géographiques,
　　plans, etc. . . . . . .　1048 à 1051

MERCREDI, 17 Novembre

Dessins originaux. . . .　　6 à 35
Gravures et estampes. .　275 à 422
Portraits . . .　874 (198) à 874 (300)

JEUDI, 18 Novembre

Gravures et estampes. .　423 à 515
Lithographies. . . . . .　842 à 873
Portraits . . . .　875 (1) à 875 (163)

VENDREDI, 19 Novembre 1897

Gravures et estampes. .　516 à 637
Portraits . . .　875 (164) à 875 (251)
Vignettes . . . .　949 à 974

SAMEDI, 20 Novembre

Dessins originaux. . . .　　36 à 51
Gravures et estampes. .　638 à 665
Portraits . . . .　876 et 877
Bordeaux et région. . .　975 à 1101

LUNDI, 22 Novembre

Gravures et estampes. .　666 à 696
Lithographies. . . . . .　697 à 778
Portraits . . . .　878 à 910
Divers . . . .　1016 à 1047
Cartes　géographiques,
　　plans, etc. . . . . . .　1048 à 1051

MARDI, 23 Novembre

Lithographies. . . . . .　779 à 841
Portraits . . . .　911 à 924
Bordeaux et région. . .　1002 à 1015
Cartes　géographiques,
　　plans, etc. . . . . . .　1052 à 1058

LA COLLECTION JULES DELPIT

Livres anciens et modernes, sera vendue, suivant catalogue,

du 24 au 30 Novembre.

'IMPORTANTE collection d'estampes et de dessins originaux anciens et modernes pour laquelle on me demande quelques mots d'introduction, n'est point celle d'un de ces iconophiles dont les ventes ont eu tant de retentissement à l'hôtel Drouot, dans ces dernières années, et que les noms de Béhague ou de notre regretté compatriote Emile Michelot, recommandent encore au souvenir des amateurs et des curieux. Elle n'en présente pas moins un véritable et sérieux intérêt. Formée patiemment par un travailleur dont la mémoire n'a fait que grandir, depuis que la mort l'a enlevé à notre respectueuse affection, la collection de Jules Delpit était bien connue et on savait que le consciencieux et éminent érudit accumulait sans se lasser, dans ses porte-feuilles, les résultats de ses persévérantes recherches. Ces porte-feuilles vont se vider dans quelques jours aux yeux du public ; il n'est pas besoin de faire ressortir longuement l'intérêt qu'ils présentent pour les beaux-arts, l'érudition, l'histoire des mœurs et des costumes et en particulier pour notre histoire locale, à laquelle les travaux du regretté défunt ont apporté une si large et si puissante contribution.

Je ferais en effet volontiers deux parts de la collection Delpit : l'une comprenant les dessinateurs et les graveurs de toutes les écoles, depuis les œuvres des maîtres anciens jusqu'aux gravures de modes signées Vernet, Debucourt, Martinet, si recherchées aujourd'hui, l'autre, d'un intérêt plus régional mais non moins vif, renfermant les plans et les vues de Bordeaux, les portraits et costumes bordelais, enfin cette série de dessins originaux où sont représentés tous les anciens artistes de notre école bordelaise, Bergeret, Brun, Pallière et ces Lacour auxquels Jules Delpit projetait de consacrer une étude pour laquelle, au milieu de tant d'autres œuvres, le temps lui a malheureusement manqué.

La collection Delpit rappelle ainsi par bien des côtés celle qui fut mise en vente dans la salle de l'Athénée, en mai 1890, dont les amateurs de notre région n'ont pas perdu le souvenir. Le présent catalogue mérite, à tous les titres, de prendre place à côté du catalogue de cette belle vente ; il me reste à lui souhaiter le même succès.

PH. L. DE BORDES DE FORTAGE.

Bordeaux, 14 septembre 1897.

DESSINS ORIGINAUX ANCIENS
ET
MODERNES

I. Sujets de genre.

1 DESSINS originaux anciens avec attribution aux Maîtres ci-après :

1. **Berghem.** Paysage avec personnages et animaux.
2. **Bouchardon.** Étude académique aux deux crayons.
3. **Boucher.** Étude à la sanguine. Homme couché.
4. **Champmartin.** Portrait du chancelier Pasquier, esquisse au crayon.
5. **Delafosse.** 4 études académiques à la sanguine rehaussée.
6. **Doyen (F.).** Le Jugement de Páris. Esquisse au crayon noir.
7. **Duchesne.** 2 têtes de vieillards, recto et verso, aux deux crayons.
8. **Greuze.** 3 pièces : 2 études, bustes de femmes au crayon dont 1 superbe rehaussé. Une reproduction à la sanguine de la *Lecture de la Bible*.
9. **Huet (W.).** Aquarelle signée. Paysage avec petit garçon et chèvres.
10. **Hutin.** Tête de jeune fille à la sanguine.
11. **Léonard de Vinci.** La Joconde, superbe dessin ancien au crayon offert par M. D'Antieux à M' Perné.

12. **Parrocel.** 7 études à la sanguine et au crayon noir : Femmes debout et couchées. Têtes de chevaux. Pièces provenant de la collection Pelet d'Anglade.
13. **Poussin (Le).** Dessin à l'encre de Chine. 8 personnages.
14. **Rousseau (Ed).** 6 études à l'encre de Chine, au crayon noir et à la sanguine y compris un frontispice daté de 1743.
15. **Somer (P. Van).** Superbe fragment d'un dessin à l'encre de Chine. Nombreux personnages.
16. **Vanloo.** Tête de jeune fille à la sanguine.
17. **Vernet (Carle).** Jolie petite aquarelle à 7 personnages provenant de la vente Leblanc en 1866.
18. **Vigée Lebrun.** 2 bustes de femmes aux deux crayons.
19. **Vouet (Simon).** Mi-corps de femme. Étude aux deux crayons.
20. **Sous ce numéro 30 dessins originaux anciens, sans attribution, ayant le même caractère que les précédents, seront vendus séparément et par petits lots.**

2 EUDEL. 37 vues, paysages, etc., etc., esquissés et terminés aux deux crayons, datés de 1835 à 1847.

3 GUERCINO. Grand dessin à la plume et encre de Chine, signé, représentant un épisode de la Vie de Jésus-Christ, à huit personnages.

4 MARQUERIE. 16 académies exécutées en 1845.

5 SAINT MARC. 4 dessins à la plume rehaussés (1780).

1° Vue d'Anvers.
2° Vue de la Rochelle.

3° Vue de la Porte de la Conférence du 1ᵉʳ juillet 1719.
4° Vue du château de la Muette en 1740.

II. Architecture, archéologie, costumes, paysages, etc.

6 AQUARELLES anciennes : Paysages. Vues. Vues panoramiques. Ruines. Ruines de Rome. Sous bois. Lot de 20 pièces.

7 ARCHITECTURE. 11 dessins originaux ornementés, les 4 premiers exécutés par *Bonnard* pour Mᵐᵉ la Duchesse d'Ekeleinghen.

8 ARCHITECTURE ancienne et moderne. Plans originaux. Plans d'élévation. Plans horizontaux. Coupes, etc., etc. 75 pl. en 2 séries.

9 CHAPELLE DE ST-JEAN DE JÉRUSALEM du Rit Romain à St-Pétersbourg. 6 plans originaux très bien exécutés à plusieurs couleurs.

10 COSTUMES à l'aquarelle.

1° Costumes militaires. 10 planches y compris 2 aquarelles : scènes de bivouac.
2° Costumes de théâtre, de bal et autres types français. 20 pl.
3° Costumes étrangers (Europe). 17 planches.
4° Costumes orientaux. 14 planches.

11 DÉCALQUES.

1° Etrusques. Hiéroglyphes. Divinités égyptiennes, tirés du voyage de Vivant Denon. 30 pièces.
2° Girodet, pour Anacréon. 19 pièces.
3° Peintures d'Herculanum. 11 pièces.

12 DESSINS (Grands) au crayon dont les sujets sont tirés des Œuvres de *Virgile*.

13 DESSINS au crayon. Lot important de 95 pièces sur tous sujets. Dans le nombre quelques grandes esquisses.

14 DESSINS à la plume : Paysages. Vues, etc., etc. 22 pièces.

15 DESSINS à la plume dont quelques-uns anciens. Lot de 62 pièces en tous genres.

16 DESSINS originaux anciens et modernes. 26 études la plupart terminées : Têtes de femmes et d'hommes. Bustes. Académies ; crayons, crayons rehaussés, sanguines, sépias, etc., etc.

17 DESSINS anciens. 14 études sanguines, crayons, sépias, représentant des sujets mythologiques, cariatides, etc., etc.

18 DESSINS anciens à l'encre de Chine : Ruines. Vues, etc., etc. 6 pièces.

19 DESSINS anciens à la sépia : Paysages. Ruines. Vues, etc. 15 pièces.

20 DESSINS au crayon rehaussé de couleurs : Ruines. Sous bois, etc. 4 pièces.

21 DESSINS au crayon dont quelques-uns rehaussés : Marines. Paysages. Vues particulières et d'ensemble, etc., etc. 23 pièces.

22 DESSIN original. Tête de femme à la sanguine.

23 ETUDES d'animaux. 25 dessins à la sanguine et au crayon : Bœufs, chèvres et chevaux.

24 FORTIFICATIONS exécutées sous le Premier -empire. Plans originaux, par *Roché*. officier du génie.

1° Gibraltar. 2 plans.
2° St-Sébastien, Cadix, Figuère et Arriba (Espagne). 5 plans.
3° Dusseldorff, Neuf-Brisack. 2 plans.
4° Toulon, Oneille, Coni (Méditerranée). 4 plans.
5° Ile d'Oléron. Projets du fort Boyard. 7 plans.

25 FORTIFICATIONS de Cambrai. — Lorient. — Socoa St-Jean de Luz. — Fort du Mortier, 1739. — Thionville. — Menin. — Arsenal de Cherbourg. — Dunkerque. — 13 plans originaux anciens.

26 FRAGMENTS D'ARCHITECTURE ancienne et moderne. 30 plans originaux.

27 GRANDS TRAVAUX DE PARIS. 40 plans originaux.

28 MARINE. Grand dessin original représentant la *Grande Armée étant en bataille au vent de l'ennemie. Avec le poste de l'Escadre d'observation et de l'Escadre légère des Frégates répétiteuses, Bombardes, Brulots, Flattes et Hôpital pendant le combat.* Présenté à M. de St-Laurent, colonel, par M. *Chrestien de la Croix*, officier.

29 ORNEMENTS : Bas-reliefs, cartouches, consoles, emblèmes, frises, fontaines, pilastres, piédestaux, rosaces, etc., etc., dessinés au crayon, en sanguine, au lavis, à la sépia. Lot de 55 pièces intéressantes.

30 PEINTURES sur toile et sur papier fort : Sujets religieux. Etudes. Sujets galants, etc., etc.

31 **PLANS** originaux anciens et modernes relatifs au Département de la Charente, à Angoulème et à son Hôpital. 45 plans.

32 **PLANS** originaux anciens et modernes, relatifs au département du Lot-et-Garonne et Marmande principalement. 12 plans.

33 **PLANS** originaux divers.
 1° Dordogne. Périgueux. Bergerac. 8 plans. | 3° Haute-Vienne. Esmoutiers. 3 plans.
 2° Gers, domaine de Ribère près Fleurance, 3 pl. | 4° Landes. Mont-de-Marsan. 3 plans.

34 **PORTRAITS** originaux.
 1° Portrait d'homme au crayon. La tête terminée le reste à peine esquissé.
 2° Portrait de *Vanderck* au crayon.
 3° Portrait de femme, au crayon, daté de
 1809.
 4° Jeanne d'Arc, grand dessin au crayon rehaussé.
 5° Portrait de femme, à la plume.

35 **VIGNETTES** à l'encre de chine et à la sépia. 8 pièces. Types de Bédouins, 1832, crayons rehaussés, 2 pièces.

III. Artistes bordelais.

36 **BERGERET.** 4 superbes dessins de genre à la sépia, rehaussés de couleur.

37 **BRUN.** Croquis et dessins originaux au crayon.

 1° Procession à Bordeaux. | 4° Dresseur de chiens.
 2° Morel, de Cheverus et Gignoux. | 5° Dresseur de chiens, reh. d'aquarelle.
 3° La Belle Charretière et Richefort. | 6° Groupe de 5 personnages.

38 **CAPDEVILLE** (A.). 11 vues, paysages, sous-bois, moutons. Dessins au crayon terminés.

39 **COMBES** (Louis Guy), architecte à Bordeaux (1758 à 1818). 60 plans et dessins originaux. Monuments de Rome.

 1 Palais Farnèse. 10. | 4° Palais Massimi. 14.
 2° Villa Madama. 7.
 3° Temple de Mars Vengeur. 10. | 5° Divers. 19.

40 **COMBES.** 20 plans relatifs pour la plupart aux monuments de Rome.

41 **DETCHEVERRY** (Arn.). 3 dessins au crayon et à l'encre de Chine : Vues, ruines.

42 **LACOUR** (P.). Aquarelles, chines, crayons, pastels, etc., etc. 31 dessins.

43 **LACOUR.** (P.). Dessins originaux.

 1° 4 vues d'Italie au crayon. | 3° 8 vues d'Italie à l'encre de Chine.
 2° 5 vues d'Italie à la sanguine. | 4° 12 grands dessins de genre : Aquarelles, sépias, crayons, etc., etc.

44 **LACOUR** (P.). 275 décalques, d'après les antiquités de Rome. — Animaux. — Adonis. — Ariane. — Amours. — Actéon. — Bacchus. — Bacchantes. — Cybèle. — Daphné. — Diane. — Faunes. — Ganymède. — Galathée. — Grâces. — Hector. — Harpue Hercule. — Jupiter. — Leda. — Muses. — Médée. — Mercure. — Nymphes. — Priapes. — Psyché. — Sacrifices. — Satyres. — Silène. — Thésée. — Vestales. — Vulcain. — Vénus, etc., etc.

45 **LÉO DROUYN.** Dessin original offert à Mademoiselle Magdeleine Delpit, accompagné de 7 autres études attribuées au Maître.

46 **MONTFALLET.** Entrée de Charles VII à Bordeaux. Grande esquisse au crayon.

47 **PALLIÈRE.** Grands dessins originaux terminés. Encre de Chine, crayon et fusain rehaussés, sépias rehaussées. 7 superbes pièces.

48 **PASTEL.** Portrait de *Bogeron Du Fousssat* par *Vamon*, 1773.

49 PIGANEAU (E.).

1° Porte du Crou à Nevers, dessin à la plume rehaussé d'aquarelle (1873)

2° Ruines de l'abbaye de Déols près Châteauroux, dessin à la plume rehaussé d'encre de Chine (1878).

50 TAILLASSON. 3 dessins originaux à plusieurs crayons.

51 TESSIER (Jules). 18 études au crayon : 2 portraits de *Jasmin*. Portrait de l'abbé *Andoin* de Bazas. Vues. Paysages. Sous bois. Scènes d'intérieur.

GRAVURES ET ESTAMPES

I. Sujets de genre.

52 ABBATE. Martyre de St-Pierre et de St-Paul.

53 ALBANE. Il a épuisé son carquois, jolie petite pièce grav. par *Henry*.

54 — Les baigneuses surprises, grande pièce gr. par *Avril*.

55 — La Terre, le Feu, l'Eau, 3 pièces gr. par *Larmessin, Chéreau et Hérissel*.

56 ALBANE. Jupiter et Léda. — Flore dans son enfance. — Enlèvement d'Europe. 3 pièces.

57 ALBRIER. Narcisse, gr. par *Tavernier*.

58 ALLEGRI. Mater amabilis, gr. par *Trasmondi*.

59 ANONYMES. 2 pièces satyriques : Monument consacré à la postérité en mémoire de la folie incroyable de XX années du XVIII° siècle.

60 — The Invitation.

61 — Regulus, gr. par *Marcenay*.

62 — L'Espiègle, jolie petite pièce.

63 — Asservir l'homme, amour ! ce n'est qu'un jeu pour toi.

64 — L'expérience sur l'électricité.

65 — L'Amour médecin. L'Amour rencontrant l'Amitié. 2 pièces.

66 — Pigmalion et Galathée.

67 — Le Père absent ou les chagrins de la guerre.

68 — Come la Trovate.

69 — Eripuit cœlo fulmen sceptrum que tirannis.

70 — Le départ de l'enfant prodigue. — L'enfant prodigue en débauche. 2 grandes pièces.

71 — Eloge de la Vertu, grand frontispice allégorique.

72 — Tout passe avec le temps, l'amitié ne passe jamais, gr. par *Dissart*.

73 — La Marchande de Bouquets, gr. par *Nater*.

74 — Le Graveur, gr. de *J. J. Hard et fils*.

75 — Bethsabée. Belle épreuve non terminée.

76 — Mars et Vénus.

77 — The Death of Lord Robert Manners, grande pièce gr. par *Sherwin*.

78 ANONYMES (Pièces en couleur). Le Pressant Serment. — Laquelle des deux aura la pomme. 2 pièces.

79 — Entrevue de l'Empereur des Français et de l'Empereur de Russie. — Le triomphe de Trajan. 2 pièces.

80 — St-Etienne Diacre et premier martyr.

81 **ANONYMES** (Pièces en couleur). Le Marchand de Coco.

82 — Nymphes et Satyre.

83 — L'Ingénu, en prison à la Bastille, délivré par sa maîtresse. Jolie gravure ovale.

84 **AUBRY**. Première leçon d'amitié fraternelle ; grande pièce gravée par *De Launay*, aux armes.

85 **AUZON** (Madame). Daphnis présente Philis à son père, gr. par *Augrand*.

86 **AGASSE**. — Andrea del Sarto. — Ango. — Albane. — Allegri. — Anonymes. — Lot de 17 gravures.

87 **BANBURG**. Sanguine en rond, gravée par *Bareuil*.

88 **BARBAULT**. Bas-relief antique. — Ruines, gr. par *Basan*. 3 pièces.

89 **BARBAZZA**. Têtes dessinées d'après nature avec la plume et gravées dans le même goût par *Antoine Joseph Barbazza*, peintre et graveur de l'Institut de Bologne. 4 grandes planches.

90 **BARDON**. Sepelire Mortuos, petite gr. de *L. Cars*.

91 **BARROLET**. The Fishermen, petite gravure en rond de *Picot*.

92 **BASSAN**. Le Printemps, l'Esté, l'Automne, l'Hiver. 4 pièces très finement gravées.

93 **BEAUDOUIN**. Les Amours champêtres, jolie gravure de *Harleston*. — L'Enlèvement nocturne, gr. par *Ponce*. 2 pièces.

94 — La Sentinelle en défaut, gr. par *De Launay*.

95 **BÉNARD**. Le Benedicite, gr. par *Duflos*.

96 **BENARD**. La nourrice qui remue l'enfant. La nourrice qui ramène l'enfant. 2 pièces gravées par *Duflos*.

97 **BEAUVAIS**. Réjouissances pour la paix, gr. par *Dupuis*.

98 **BENAZECH**. La liberté du Braconnier. Le retour du Laboureur. 2 grandes pièces gravées par *Ingouf*.

99 **BENEDETTO**. Grands sujets tirés de la Bible. 9 pièces gravées par *Macé*.

100 **BERGHEM**. Six sujets champêtres.

101 — La Bohémienne consultée, grande pièce gravée par *Laurent*.

102 — Groupe de moutons, gr. par *Lucien* à la sanguine.

103 **BERTIN**. La Gayeté de Silène, gr. par *De Launay*.

104 **BOISSIEU**. Les Pères du désert. St-Jérôme. Les Bulles de savon. 3 belles pièces.

105 **BLOEMAERT**. Le Marchand ruiné, gr. par *Martinet*.

106 **BLONDEL**. Homère, gr. par *Dieu*.

107 **BODIN-TASSAERT**. Suite de gravures champêtres et de chasse. 24 planches dont quelques-unes en bistre.

108 **BOSSELMAN**. Suite de 7 planches gravées, tirées de l'antique.

109 **BOILY**. La Solitude, gr. par *Tresca*.

110 **BOILLY**. Le Sommeil trompeur, gr. par *Wolff*. — Ça a été, gr. par *Texier*. — L'Optique, gr. par *Cazenave*. — Qu'il est pressant, gr. par *Petit*. 4 belles pièces.

111 **BOISFFREMONT** (de). Psyché et l'Amour. — Vénus et le jeune Ascagne. 2 gr. de *Mécou*.

112 **BOISANT**. Minerve couronnant la Victoire, gr. par *Gautier*.

113 BOIZOT. Uranie. Melpomène. Erato. 3 pièces en bistre, gr. par *Ridé*.

114 BOIZOT. L'Amour allumant son flambeau au miroir de la Beauté, jolie petite pièce en ovale, gr. par *Gautier*.

115 BONINGTON. La Devise, gr. par *Jazet*.

116 BOREL (A.). L'abandon voluptueux, gr. par *Donnel*.

117 — Il a cueilli ma rose, gr. par *Vidal*.

118 — Courtoisie du chevalier Bayard, gr. par *Hemery*. — La Ruse d'amour, gr. par *Baquoy*.

119 BOSSELMANN. Sauvons-nous, pièce en couleur gr. par *Prot*.

120 BOUCHARDON. Ulisse évoque l'ombre de Tiresias, gr. par *Fessard*.

121 BOUCHARDON (Edme). Diverses figures d'académie dessinées d'après nature. 1738. 10 planches.

122 — Etudes en sanguine gravées par *Lucien Duruisseau*, etc., etc. 8 planches.

123 BOUCHER (Fr.). La poésie satyrique. La poésie pastorale. La poésie lyrique. La poésie épique. 4 pièces gravées par *Duflos*.

124 — La Terre, le Feu et l'Eau. 3 pièces gravées par *J. Daullé*.

125 — Vénus entrant et sortant du bain, 2 gr. de *Michel*.

126 — La Mort d'Adonis, grande gr. de *Le Vasseur*.

127 — La fontaine, gr. par *Pelletier*. — Les amusements de l'Hiver, gr. par *Daullé*. 2 pièces.

128 — Vénus donnant du nectar à l'Amour. — L'Amour instruit par Mercure. 2 gr. de *Basan*.

129 — Silvie fuit le loup qu'elle a blessé. — Le Plaisir de la chasse, 2 gr. de *Beauvarlet*.

130 — Les Nymphes au bain, sanguine gravée par *J. Ouvrier*.

131 — La Pesca del Crocodilo, grande pièce gravée par *Moles*.

132 — L'Amour frivole, gr. par *Beauvarlet*.

133 — L'Enlèvement d'Europe, gr. par *Duflos*.

134 — La jeune Bergère, gr. par *Voyez*.

135 — Motifs d'ornements avec Amours et autres sujets. 7 pièces.

136 — Etudes à la sanguine. 7 grands sujets.

137 — Etudes de ruines à la sanguine, gravées par *Janinet* et *Langlois*. 5 pièces.

138 — Etudes de têtes à la sanguine et en couleur. 15 pièces.

139 BOUCHOT et **HUBERT**. Geneviève de Brabant, suite de 6 pièces gravées.

140 BOUILLON. Minerve, petite pièce en couleur, gr. par *Verdié*.

141 BOULANGER (Elise). La Coquette. — Le curé de campagne. — Le bon Ange. — La lecture du roman. — Mort de Geneviève, 5 pl. gr. par *Desmadryl*.

142 BOULANGER (Elise). Voltaire chez Madame de Pompadour, gr. par *Desmadryl*.

143 BOURDON. Eloquentia. — Pictura. — Musica. 3 grav. de *Drevet*.

144 — Grands sujets gravés par *Audrans* tirés de la Bible. 4 pièces.

145 — Cérès. — Vénus. 2 pièces gravées par *Queverdo*.

146 BOUT. Le Chasseur prenant des forces, gr. par *Weisbrod*.

147 BRUGEL (J.). Scènes champêtres. Vues. Marines, etc., etc. 5 pièces gravées par *Ozanne*, *Chedel*, *etc*.

148 BRUYN. Episode du prophète Jérémie, Ch. XII. Belle et grande pièce, gravée par le même.

149 BURRY. Naissance de Vénus, gr. par *Niquet*.

150 BRUNET (Johon). Le leçon de Guimbarde. — Le petit oiseau. 2 gr. de *A. Moreau*, élève de Jazet.

151 BUGUET. La Persane, pièce en couleur gravée par *Badoureau*.

152 BAADER. — Baltar. — Bassan. — Bartolozzi. — Battoni. — Baudry. — Benard. — Bernard Picart. — Berthon. — Bloemen. — Blaizot. — Bloëmaert. — Boisselier. — Bonnart. — Bounieu. — Bonnieu. — Bonnington. — Borel. — Bouchardon. — Boucher. — Bourdon. — Bourgeois. — Brand. — Bréda. — Brenet. — Brehenberg. — Burker. — Lot de 65 gravures.

153 CALLOT *(Jacques)*. Son Œuvre classé d'après *Meaume*.

1 Le Passage de la mer rouge (1).
2 Le Massacre des Innocents (6).
3 L'Ecce Homo (7).
4 La Passion de Notre Seigneur, suite de sept estampes de la **Grande Passion**. (12-18).
5 La Passion de Notre Seigneur, suite de 12 estampes, dite la **Petite Passion**. (19-30).
6 La Passion de Notre Seigneur et autres motifs de sa vie, petite suite de 3 pièces en ovale et en rond répétées, soit 10 pièces (34-36).
7 Le Nouveau Testament, suite de 10 estampes y compris le titre gravé par **Abraham Bosse** (37-46).
8 Jésus-Christ au milieu des mesureurs de grains (52).
9 Parabole de l'Enfant prodigue, suite de 11 morceaux collés sur 1 feuille (53-63).
10 Repos de la Ste-famille (64).
11 La Ste-famille à table (65).
12 La Vie de la Ste-Vierge, suite de 14 estampes y compris le frontispice (76-89).
13 Judith (91).
14 L'adoration des Mages (92).
15 Les hommages du petit St-Jean (93).
16 Jésus-Christ en Croix (94).
17 L'Assomption (96).
18 La Conversion de St-Paul (97).
19 St-Livier. (98).
20 Le triomphe de la Vierge. Grande composition allégorique (100).
21 L'apôtre St-Pierre (101).
22 Le Sauveur, la Sainte Vierge, les douze Apôtres et St-Paul l'apôtre des Nations, en pied Suite de 16 estampes y compris le titre (104).
23 Le Martyre des Apôtres ; suite de 16 estampes y compris le titre (120-135).
24 Le Martyre de St-Sébastien (137).
25 Tentation de St-Antoine (139).
26 St-Nicolas (140).
27 Le Miracle de St-Mansuy (141).
28 L'arbre de St-François (145).
29 Les Martyrs du Japon (155).
30 La possédée de l'Exorcisme (156).
31 Les Tableaux de Rome ; suite de 10 estampes (sur 30) (169).
32 Titre des miracles et grâces de N. D. de Bonsecours. Nancy, (197).
33 Titre de la Sainte Apocalastase (198).
35 Le titre aux Astrologues (203).
36 Entrées de Mgr Henry de Lorraine, marquis de Moy. 6 estampes (490).
37 Estampes décorant le livre intitulé : Combat à la barrière par Henry Humbert. *Nancy*, 1627, in-4, suite de 10 planches (sur 11) (492 à 501).
38 Deruet (Claude) peintre du duc de Lorraine. Portrait et pied (505).
39 Gr. pièce historique. Combat de Veillane près Turin livré le 10 juillet 1630. (509).
40 Bordures du siège de la Rochelle (512-514-515-517-521).
41 Siège du fort de St-Martin de Ré (2 feuilles sur 6) (522).
42 Bordures du siège de Ré (523-525-526-528).
43 Débarquement de troupes (533).
44 Principaux faits du règne de Ferdinand 1er de Médicis, grand duc de Toscane (534 à 543, 547 et 548), 13 gr. gravures.
45 Petites Misères de la guerre. 6 pièces sur la même feuille (558-563).
46 Les Grandes Misères de la guerre (sur les 18 pièces manque le n° 573) (564 à 581).
47 Les exercices militaires, suite de 13 pièces (582 à 594).
48 Catafalque de l'empereur Mathias (597).
49 La grande thèse dite énigmatique ou symbolique. Très grande pièce sur deux feuilles (615).
50 L'Eventail (617).
51 Le Jeu de boules ; le bal champêtre ; la petite foire ou la foire de Gondreville. (623).
52 La Grande Foire de Florence (1re pl.) (624)
53 Les deux Pantalons (626).
54 Les trois Pantalons (627 à 629).
55 Les chars de la fête, avec les habillements des chevaliers et de leurs suivants (635).
56 Le Mont Parnasse. (636).
57 Balli Cucurucu, suite composée de 24 pièces (641 à 664).
58 Les supplices (665).
59 Le Brelan, ou l'Enfant prodigue trompé par une troupe de filous (666).
60 Les Bohémiens, suite de quatre estampes (667 à 670).
61 La Dévideuse et la Fileuse (671).

62 La Noblesse, suite de 11 pièces (sur 12) représentant les costumes de la Noblesse lorraine vers 1625. On y voit des gentilshommes et des dames (673 à 684).

63 Les Gueux ou Mendiants, suite représentant des gueux ou mendiants d'Italie, dans des attitudes diverses ; elle est composée de 25 estampes (685 à 709).

64 2 pièces où se trouvent réunis les mêmes gueux que ci-dessus.

65 Le jardin ou le marais. — Le Colombier. 2 pièces (715-716).

67 Figures variées portant les N° 732-734-735-739-745. 5 pièces (730 à 746).

68 Les Bossus ou Gobbi, suite de 18 pièces (sur 21) (747 à 767).

69 Les Caprices. 77 planches sur les 100 numérotées (768 à 867).

70 Fantaisies. 14 pièces titre compris (868 à 881).

71 Le Martyre de St-Laurent (1000).

72 Paysages dessinés à Florence par Callot, suite de 12 pièces (1187 à 1198).

73 Bourgeoises dans différentes attitudes (manque 1240) (1209 à 1212).

74 Autres pièces de Callot ou attribuées (20).

154 **CARESME.** 2 épisodes de la vie de Henri IV. gr. par *Patas*.

155 — Le Baiser rendu. L'Espagnolette. 2 petites pièces gravées par *Flipart*.

156 — Les plaisirs bachiques, pièce en couleur.

157 — La Joyeuse Orgie, gr. par *Hemery*.

158 **CARRACHE** (Annibal). Martyre de Saint Etienne.

159 **CARRACHE** (Annibal). Scène du déluge. gr. par *Fantetti*. — Persée tranchant la tête de Méduse, gr. par *Pierre Aquila*. — Suzanne et les deux vieillards, gr. par le même.

160 **CASANOVA.** Levée du siège d'Olmutz, gr. par *Beauvarlet*.

161 — Mort de d'Assas, grande gravure de *Pierre*.

162 — Attaque d'un des côtés de la forteresse d'Oczakow prise et emportée d'assaut par les troupes russes, commandées par le Feldmaréchal prince de Potemkin ; grande gravure par *Adam Bartsch*.

163 — L'Abreuvoir au Lion, gravure à l'eau-forte par *Laurent*, terminée par *Le Vasseur*.

164 **CASSAS.** Apollon et les bergers, grande gravure par *Girardet*.

165 **CASTIGLIONE** (B.). Natures mortes.

166 **CAUVET** (B.). L'héroïsme de l'amour, gr. par *Beljambe et Allix*.

167 **CHALLE.** Lion dévorant un homme, gr. par *Duret* aux armes.

168 — La Pantoufle. — Familiarité dangereuse. 2 jolies pièces aux armes.

169 **CHALLIOU.** 4 grandes pièces (Paul et Virginie). L'hospitalité. Les présents de l'Indigence. Les simples souvenirs. La jeune Bramine au tombeau de sa mère ; gr. par *Mariage*.

170 **CHAPONNIER.** Le premier pas. — La superstition. 2 grandes gravures.

171 **CHASSELAT.** Mort de Clorinde, estampe coloriée, gr. par *Cardon*.

172 — Mars et la Victoire, gr. par *Dissart*.

173 — Renaud et Armide. Tancrède secouru par Herminie. 3 pièces gravées par *Cardon*.

174 **CHASSERIAU.** Intérieur oriental, gr. par *Montant*.

175 **CHAUDET.** Enée, grande gr. de *Jeanne Godefroy*.

176 **CHÉRY** (Ph.). Achille, petite pièce en couleur gravée par *Alix*.

177 **CHODOWIECKI.** The family of à Painter.

178 — Frédéric II roi de Prusse à cheval passant la revue de ses troupes.

179 **CHOFFARD.** Bas-reliefs gravés en bleu : Enlèvement d'Orithie. Céphale et Procris. Triomphe de la Constance. Le Printemps, l'Eté, l'Automne. 6 pl.

180 **CHOPIN-LECOMTE.** La tentation d'Eudore. — Jérôme et Enmodocée. — Enmodocée et Eudore. — Le veau de Enmodocée. 4 grandes planches gravées par *Bertrand*.

181 **CHRIST** (Joseph). Forma ætate perit ; virtus clara æternaque habetur. Belle gravure de *Hard*.

182 **CIPRIANI** (G. B.). Vénus au Bain, jolie gravure en couleur gravée par *Bartolozzi*.

183 — Tragedy, en couleur, gr. par *Bartolozzi*.

184 — La séparation d'Achile et Briséis. — Chrïséis rendue à son père. 2 gr. en couleur par *Bartolozzi*.

185 — The Mirror of Love. — Diane et les nymphes au bain. — L'amour maternel. — Olivier Cromwell. — Urania. 5 pièces.

186 — Le roi Henri II et la belle Rosamonde, gr. de *Bartolozzi*, tirée en sanguine.

187 **COCHIN**. L'Enlèvement des Sabines. — Licurgue blessé dans une sédition. 2 pièces tirées à la sanguine.

188 — Cérémonie du mariage et décoration du bal à l'occasion du mariage de Louis, dauphin de France, avec Marie-Thérèse, infante d'Espagne, à Versailles, le 23 février 1745. 2 grandes pièces.

189 — La Fontaine enchantée de la Vérité d'amour, gr. par *St-Aubin*.

190 — Grande allégorie : Gustave Adolphe Roi de Suède favorisant les Arts, grav. par *Floding*.

191 **CŒURÉ**. La leçon de Botanique, gr. par *Dibart*.

192 **COGNET** (Léon). L'attaque, Egypte 1799, gr. par *Jazet*.

193 **COPLEY** (J. S.). A Youth rescued from, grande gravure.

194 **CORRÈGE**. Collection de 10 gravures mythologiques.

195 **COURTIN** (Jos.). Jeune fillette s'amusant à faire des globes de savon, petite gravure de *Poilly*.

196 **COYPEL** (A.). Démocrite.

197 — Maladie d'Antiochus, gr. par *Le Vavasseur*. — Abraham et Rebecca, gr. par *Drevet*. 2 pièces.

198 — Nec me labor iste Gravabit. — Atque in ventos vita recessit ; gr. par *Desplace* et *Duchange*.

199 — Les principales aventures de l'admirable don Quichotte représentées en figures par Coypel. 20 planches in-fol. gravées par *Surugue, Cochin, Beauvais, Tardieu, Haussard, etc., etc.*

200 — Id. 7 planches doubles des précédentes.

201 — Aventures de don Quichotte gravées par *F. Joullain*, d'après les compositions de Coypel. 4 planches.

202 **CAGNACCI**. — Caresme. — Carrache. — Cassas. — Challe. — Chardin. — Chasselat. — Chasteau. — Chaudet. — Cazes. — Clément. — Chateau. — Cipriani. — Choquet. — Cochin. — Colin. — Conca. — Corrège. — Cortone. Courtois. — Courvoisier. — Coypel. Lot de 50 gravures.

203 **DANLOUX**. Tant mieux ! c'est bien fait, gr. par *Perré*.

204 — Jacques Delille, grande gr. par *Laugier*.

205 **DARDEL**. The peace bringing back the aboun dance and driving out the discordi, gravure en ovale par *Fourcaty*.

206 **DAUBIGNY**. Parc à moutons, le matin. Eau-forte.

207 — Environs de Choisy-le-Roi. — L'approche de l'orage. 2 eaux-fortes.

208 **DAVID** (L.). Les deux amis, gr. par *Desclaux*.

209 — Le Serment des Horaces, gr. par *Lavallée*.

210 **DAVID**. La France offrant la paix à la Grande Bretagne, gr. par le même.

211 **DEBARE**. Route du Monde: Vice, Vertu, Richesse, belle gravure de *Truchy*.

212 **DEBUCOURT**. Le Soldat français. La Croix d'honneur. L'Horoscope. 3 pièces.

213 — Berceau de Paul et Virginie. Les premiers pas de Paul et Virginie. 2 pièces en ovale tirées en bistre.

214 — L'Instruction villageoise, gr. par *Glairon*.

215 — Le Juge ou la cruche cassée, gr. par *Leveau* aux armes.

216 — La Main Chaude, grande pièce.

217 — La Promenade publique, gravure du même. Très belle pièce en couleur, réimpression ancienne, encadrée.

218 — Berceau de Paul et Virginie. Les premiers pas de Paul et Virginie. 2 pièces ovales.

219 **DECAMPS**. 6 gravures et eaux-fortes.

220 **DELACROIX** (Eugène). Entrée des Croisés à Constantinople. — Rebecca et le Templier. — La Pieta. — L'Education de la Vierge. — Fantasia. — Lady Macbeth. — 6 pièces gravées.

220 *bis* — Juive d'Alger. — Arabes d'Oran, 2 planches gravées.
  Superbes épreuves d'artiste.

221 — Prise de Constantinople par les Croisés, gr. par *Frilley*.

222 **DE LÉLIE**. Musiciens de Village, gr. par *Claessens*.

223 **DESCAMPS**. Le Négociant.

224 **DESFONTAINE**. Le Chancelier de L'Hôpital, pièce en couleur, gr. par *Moret*.

225 **DESHAYES**. La Résistance. — La fidélité surveillante. 2 pièces.

226 **DESRAIS**. Vénus et Adonis, gr. par *Colson*.

227 **DÉVÉRIA**. Joueur de flûte. Joueuse de harpe, gr. par *Tony Johannot*.

228 **DEVOSGE**. Le Nid de Fauvette, gr. par *Copia*. Belle pièce en ovale.

229 **DIAZ**. Les petits maraudeurs. Le Harem, avant-lettre sur chine. 2 pièces gravées à l'eau-forte par *Collignon* et *Geoffroy*.

230 — 10 pièces gravées par *Geoffroy*, dont deux sur chine avant lettre, éditées par l'*Alliance des Arts*.

231 **DIETRICH**. Vue près de Stertzingen en Tirol. — Les Bergères, gr. par *Masquelier* et *Qingg*.

232 **DOMINIQUIN**. L'amour triomphant. — La Charité romaine. — Enée et Anchise. 3 gravures.

233 **DROLING**. Intérieur d'une cuisine et d'une salle à manger, 2 grandes pièces gravées par *Debucourt*.

234 **DUBOULOZ**. Mademoiselle de Valmont visitant l'enfant de la nature, grande pièce.

235 **DUBUFE**. Amour. — Coquetterie. — Innocence. — Regrets. 4 belles pièces gravées par *Maile*.

236 **DUCHÉ-DE-VANCY**. Costumes des habitants de la Conception, gr. par *Thomas*.

237 **DUCIS**. Montaigne et le Tasse, gr. par *Baquoy*.

238 — L'Origine du dessin, gr. par *Gudin*.

239 — La même avant lettre

240 — La Sculpture. — La Musique. — La Poésie. — La Peinture, 4 planches gravées par *Allais*.

241 **DUMENIL**. Le Chantre à table, gr. par *Dupuis*.

242 **DUMONT**. 3 sujets gravés par *Surugue*, tirés du Roman Comique de Scarron.

243 **DUPLESSIS-BERTAUX**. Sujets militaires, 5 petites pièces.
244 — Gravures extraites des Tableaux de la Révolution, 12 planches.
245 — Bataille d'Iéna le 18 oct. 1806, grande gravure à l'eau-forte terminée par *Levachez*. — Deux autres pièces : La matinée du 14 juillet 1779, à la Grenade. — Passage de la Somme Sierra 1812.

246 **DUPRÉ** (Jules). 2 paysages à l'eau-forte.

247 **DURAND**. IVᵉ vue de l'Hôtel royal des Invalides représentant l'intérieur du dôme, pièce en couleur gravée par *Janinet*.

248 **DURER** (Albert). 14 pièces de réimpression moderne.

249 **DUTAILLY**. L'Imitation de l'Antique, gr. par Mᵉ *Lingué*.
250 — Ne réveillez pas le chat qui dort, gr. par *Augrand*.

251 **DAVID**. — Dujardin. — Décamps. — Delacroix. — Delafosse. — Delaroche. — Delorme. — Demarne. — Denis. — Denon. — Deshayes. — Diétrich. — Dieu. — Dominicain. — Drouais. — De Bourg. — Dubuffe. Lot de 50 gravures.

252 **EAUX-FORTES**. Paysages. Sous-bois. 8 pièces.
253 — 20 pièces variées, tirées de la *Gazette des Beaux Arts*.
254 — 4 grandes pièces tirées de *l'Art*.

255 **EISEN** (Ch.). La Dame de charité, gr. par *Voyez*.
256 — L'Enfant qui pleure, étude à la sanguine gravée par *Bonnet*.
257 — Les Nimphes découvrent à Diane la grossesse de Calisto, petite pièce coloriée gravée par *Niger*.

258 — Joli motif d'ornement, gravé par *Le Hardy de Famais*.

259 **FLAMENG** (Léop.). Jésus guérit les malades et les paralytiques, grande eau-forte.
259 *bis* — Le vieux Paris, suite de 9 belles eaux-fortes sur chine.

260 **FLAXMAN**. Vénus. Les Amours voltigent autour d'elle, l'Harmonie l'accompagne ; gr. par *Simon*.
261 — Circé se rend sur le bord de la mer pour y recevoir Ulisse, pièce en couleur, gr. par *Simon*.

262 **FLEURY**. La Visitation de la Vierge, gr. par *Hue*.

263 **FORBIN**. Une scène de l'Inquisition, gr. par *Reynolds*. 2 épreuves dont 1 avant lettre.

264 **FORTUNY**. Garde de la Casbah à Tétuan. — Idylle. 2 belles eaux-fortes.

265 **FOUJA**. Anacréon réchauffant l'Amour, gr. par *Rollet*.

266 **FRAGONARD**. L'Amour enseignant à danser à une jeune fille. — Télémaque et Eucharès. — La famille du fermier. 3 pièces.
267 — Par eux l'Amour l'éclaire. — Douce rêverie. 2 pièces gravées par *Cazenave* et *Castel*.
268 — Le Baiser à la dérobée, gr. par *Regnault*.

269 **FRAGONARD**. La résistance inutile, gr. par *Vidal*.

270 **FRÉRES**. Ah ! comme ils sont intéressants, gr. par *Colibert*.

271 **FRÉRET**. Habitation des Nègres, gr. par *Colibert*.

272 **FREUDEBERG**. Le soldat en semestre. — Le retour du soldat. 2 pièces.

273 **FRYBERG**. La famille en goguette, gr. par *Baquoy*.

274 **FATHORNE**. — Filloeul. — Forbin. — Fokke. — Fouja. — Fragonard. — Francisque. — Fréret. — Freudeberg. — Fryberg. — Furmo. Lot de 20 gravures.

275 **GAILLARD**. Les Bacchantes endormies, grande pièce.

276 **GANDAT**. Adélaïde et Fonrose, grand paysage gravé à l'eau-forte par *Legrand*, terminé au burin par *Biosse*.

277 **GARDNER** (D.). Eloïsa, gr. par *Watson*.

278 **GARNIER**. Désintéressement de Phocion, gr. par *Mariage*.

279 **GARNIER**. — Gérard. — Girodet. — Gros. — Guérin. — Meynier. — Vernet. 10 gravures historiques.

280 **GAULLE**. Les nouvelles allouettes, gr. par *Pilment* et *Coupé*.

281 **GENOELS** (A.). Grand paysage avec pièce d'eau, gravé par *Banduin*, de la collection Van der Meulen.

282 **GÉRARD** (Mlle). Les regrets mérités, gr. par *De Launay*.

283 — Les Caresses de l'Innocence. 2 pièces en couleur gravées par *Henry Gérard*.

284 — Geneviève de Brabant vouée à la mort, gr. par *Augustin Le Grand*.

285 — Le triomphe de Minette.

286 **GÉROME**. Jeunes Grecs à la Mosquée, eau-forte gravée par *Rajon*, épreuve tirée sur chine volant.

287 **GILLOT**. Feste de Faune, Dieu des forêts.

288 **GIRODET-TRIOSON**. Révolte du Caire, grande pièce, gr. par *Jazet*.

289 **GONZALÈS**. Les prémices de l'amour propre, gr. par *Macret*.

290 **GOSSE**. Incendie et inondation, 2 gravures de *Jazet*.

291 **GOSSE**. Le moment du départ. — La Nouvelle du retour. 2 grav. de *Jazet*.

292 **GRANGERET**. La Vengeance des Nymphes, gr. par *De Mouchy*.

293 **GREUZE** (J.-B.). Les regrets inutiles, grande pièce.

294 — La Mort de Marie-Madeleine, gr. par *Hoin*, épreuve en bistre.

295 — La Mère de famille, petite gravure de *De Lalive*.

296 — Artémise. — Bacchante. 2 pièces gravées par *de La Richardière*.

297 — La belle-mère, gr. par *C. Le Vasseur*.

298 — La Veuve et son curé. — Le Paralytique servi par ses enfants. — L'Accordée du village. 3 grandes pièces gravées par *Flipart* et *Le Vasseur*.

299 — 12 études à la sanguine.

300 **GUILLEMIN**. L'Amour à la campagne, gr. par *Cottin*.

301 **GRAVELOT**. —**SAINT-AUBIN**. Médaillons Louis XVI ornementés avec texte gravé : Année jubilaire de Louis XVI. — Pose de la 1re pierre de l'Eglise Ste-Geneviève. — Inauguration de la statue équestre de Louis XV. — Etablissement de l'Ecole royale militaire. — Nouvelles Halles aux grains et farines. — 5 pièces gr. par *Littret, Chenu, Duclos*.

302 — Médaillons Louis XV ornementés avec légendes gravées : Fable. Arithmétique. Agriculture. Grammaire. Sagesse. 5 pièces gr. par *Duclos, Rousseau, Chenu*.

303 **GAILLARD**. — Gassies. — Gautherot. — Gérard. — Giovanni. — Girolamo. — Giordano. — Goltzius. — Gonzalès. — Gué. — Gleyre. — Greuze. — Guercino. — Guérin. Lot de 35 gravures.

304 **HALLÉ** (Noël). Le Danger de l'Amour, gr. par *Patour* aux armes.

305 **HAMILTON** (W.). Children Playing with a Bird. — Children with a Mouse Trap. 2 petites gravures de *Bartolotti* en ovale.

306 **HARLOW**. Jugement de la reine Catherine, gr. par *Jazet*.

307 **HARTMAN** (Joseph). Printemps et Eté, gr. par *Christian et Philippe Sébastian Rugendas*. 2 pièces tirées en bleu.

308 **HARRIET.** Héro et Léandre, gr. par *Noël*.

309 **HEISSIG** (Franz). Le Printemps et l'Automne. — La petite Jalouse. 3 pièces.

310 **HELMAN**. Faits mémorables des Empereurs de la Chine : Cérémonies, combats, fêtes, etc., etc. 17 estampes gr. in-4, gravées par *Helman*, 1783-88, d'après les dessins originaux des Pères Jésuites.

311 **HENRY.** Le délire d'amour, gr. par *Aug. Desnoyers*.

312 **HEREAU** (Jules). Les moutons de Claudine. Eau-forte publiée par *A. Cadart*.

313 **HILAIR** (J. B.). Route de Melasso à Boudroun. — Bivouac. 2 petites pièces gravées par *Lienard*.

314 **HOBBEMA.** La Chaumière, grande gravure en ovale de *John Bronne*.

315 **HOGARTH** (W.). The Good Samaritan, grande gravure de *Ravenet* et *Delaire*.

316 **HOIN** (Claude). L'Écueil de la sagesse. — La Tendre amitié. 2 pièces faisant pendants gravées par *de Mouchy*.

317 **KOREMANS** (J.). La plaisante gageure. — Le bon avis. 2 pièces gravées par *Maleuvre* et *Voiez*.

318 **HOUEL.** Frontispice et suite de paysages à la sanguine. 6 pièces gravées par *Demarteau*.

319 **HUET** (Velliers). Hebé, gr. par *Marotte*.

320 **HUET** (J. B.). Célébration des Noces d'Eloïse et Abeilard, pièce en couleur gravée par *Elisabeth Chailleau*.

321 — Le Saut du Taureau, petite pièce en couleur.

322 — Le Frère donne les Étrennes à sa Sœur. — Le jeu de Volant. — Le plaisir des Amours. 3 pièces. — Offrande à l'Espérence, à l'Amitié, à l'Amour, 3 pièces. Ensemble 8 petites pièces gravées par *Jubier et Demarteau*.

323 — 3 autres pièces coloriées : Amour, moutons, etc., etc., gr. par *Demarteau*.

324 — Ornements, emblèmes, etc. 5 pl. gr. en sanguine, par *Demarteau*.

325 **HUMBELOT.** La Sortie du Bain, grande pièce gravée par *Romanet*.

326 **HACKERT.** — Haid. — Hallé. — Hoet. — Hoin. — Holbein. — Hamilton. — Horemans. — Houasse. — Houel. — Herman. — Hubert. — Huet. — Humbelot. — Hurté. — Hutin. Lot de 33 gravures.

327 **JACQUES** (Ch.). 12 eaux-fortes, sujets champêtre.

328 **JACQUES.** Suite de 4 pièces gravées par *Le Bas* en sanguine, de décorations à l'usage des théâtres, panneaux, carrosses, etc., etc.

329 **JANINET. LE CLÈRE.** La compagne de Pomone. — La réunion des Plaisirs. 2 gravures coloriées (réimpressions encadrées).

330 **JARIGE.** Les Gages touchés, jolie petite pièce en couleur.

331 **JAZET.** La bonne Nouvelle.

332 **JEAURAT.** L'Eplucheuse de salade, gr. par *Beauvarlet* aux armes.

333 **JORDANS** (Luc). Apollon et Daphné, gr. par *Le Vasseur* aux armes.

334 **JAZET.** Adieux de Fontainebleau, 20 Avril 1814, d'après le tableau d'*Horace Vernet* (1825). — Retour de l'Ile d'Elbe, 7 mars 1815, d'après le tableau de *Steuben* 1815. 2 très grandes pièces encadrées.

335 **JORDAENS.** (J.). Est-il une douleur pareille à la mienne ? (Jésus en Croix) grande pièce gravée par *Scheltius*.

336 — Satyre réchauffé chez des Laboureurs, gr. par *Jacob Neefs*.

337 **JOUY.** Supplice d'Urbain Grandier, gr. par le même.

338 **JOUVENET** (J.). Jésus guérit les malades, gr. par *Pierre Aveline.*

339 **JULIEN** (S.). Boby ou la Folle par amour écossaise.

340 **JEAURAT.** — Alfred Johannot. — Tony Johannot. — Jordans. Lot de 7 pièces.

341 **KAUFFMAN** (Angelica). Zeuxis compose le tableau de Junon. — Coriolanus. — Griselda. — 3 pièces en couleur gravées par *Bartolozzi.*

342 — La Séparation d'Abelard et Eloïse, pièce en couleur gravée par *Parisel*

343 — Juliette. gravure en ovale à la sanguine.

344 — Le Sacrifice de l'Amour, gr. par *Bonnefoy.*

345 — Eléonore suce la blessure d'Edouard 1er roi d'Angleterre, pièce en couleur gr. par *Parisel.*

346 — La même gravure en noir.

347 **KOCH.** Wielands. Obéron. 2 petites gravures.

348 **LA FAGE.** Le Déluge universel, curieuse reproduction ancienne d'un dessin à la plume.

349 **LAFITTE.** Les formes acerbes. Pièce révolutionnaire parue après la chute de Robespierre et qui servit à exciter l'esprit populaire contre le système de la Terreur.

349 *bis* **LAFOND.** Le verre en main, gaiement je me confie au Dieu des bonnes gens (Béranger), grav. par *Bracquemond.*
Belle épreuve d'artiste avant la lettre.

350 **LAFRERI** (Ant.). L'Agriculture donnant l'abondance au Monde. — Hercule chassant du Parnasse la Luxure et le Mensonge. 2 pièces gr. par le même.

351 **LAGRENÉE.** Triomphe de la peinture, gr. par *Dennel.*

352 — Les Enfants chéris, jolie gravure de *Bonnet* en couleur.

353 — Premier âge de l'Amour. — Punition de l'Amour. 2 jolies gravures de *Bouilliard* aux armes.

354 **LALLEMAN.** Le Bain troublé, gr. par *de Launay.*

355 **LANCRET.** L'Hiver, belle estampe gravée par *Le Bas.*

356 — Récréation champêtre, gravée par *Lemercier.* — Le Maître galant, gravé par *Le Bas.* 2 belles pièces.

357 — La joye du theastre, gr. par *Crépy.*

358 **LANDON.** Le bain de Paul et Virginie. — Le repos de Virginie. 2 grandes pièces gr. par *Simon.*

359 **LANDSEER.** Jack in office, gravure anglaise.

360 **LANTARA.** Soleil levant et soleil couchant. 2 gravures de *Fessard* aux armes.

361 **DE LAUNAY.** Bain public de femmes mahométanes, gr. par *Le Barbier.*

362 **LAVRINCE-JANINET.** L'aveu difficile, gravure coloriée, réimpression moderne encadrée.

363 **LE BARBIER.** Canadiens au tombeau de leur enfant, grav. par *Ingouf.*

364 — La Douceur, gr. par *St-Amand.*

365 — Galerie des femmes à Berne, gr. par *Droyer.*

366 — Le Mouchoir, gr. par *Macret* et *Duponchel,* aux armes.

367 **LE BLOND.** Le Sacrifice d'Abraham, gr. du même.

368 **LEBRUN** (L. E. V.). Cupid and his Mother, pièce anglaise gravée par *Sarp.*

369 LE BRUN (Ch.). Les batailles d'Alexandre.

1° La vertu plaist quoique vaincue. — La vraie valeur est toujours invincible. — La vertu surmonte tout obstacle. — La vertu est digne de l'empire du monde. 4 grandes gravures de *Picault* encadrées.

2° La vertu plaist quoique vaincue. — La vertu surmonte tout obstacle. — La vertu est digne de l'empire du monde. —

Ainsi par la vertu s'élèvent les héros. — Il est d'un roy de se vaincre soy-même. 5 petites réductions des précéd. gravées par *Sébastien Le Clerc* aux armes.

3° La vertu plait quoique vaincue. — La vertu est digne de l'empire du monde. 2 grandes gravures de *Mouriet* et *Romhild* à la manière noire.

370 — Naissance de Méléagre. — La rencontre de Méléagre et d'Atalante. — La chasse de Méléagre et d'Atalante. — La dépouille du sanglier de Calydon présentée à Atalante. — Méléagre tue ses deux oncles. — La mort de Méléagre. 6 belles estampes gravées par *Bernard Picart*, *Folkema*, *Fonbonne*. Chaque pièce avec une bordure large de 0,08 cent. ornementée d'attributs de chasse gravés par *Bernard Picart*.

371 LE CLERC (Sébastien). Bombardement d'une ville avec défilé d'artillerie. — L'apothéose d'Isis, aux armes. — La Galerie de l'hostel royal des Gobelins, aux armes de Mgr Colbert. — Les mathématiques, gr. par *Jeaurat*. 4 pièces.

372 LE CLERC. La mère de famille, étude à la sanguine.

373 LEFÈVRE (Robert). L'Amour aiguisant ses traits.

374 LE GRAND (Augustin). Franchise et Caquet. — L'intérieur du ménage.

375 LEGRAND (Paul). Le Printemps, l'Automne. 2 pièces.

376 LE MOINE. Argus, Mercury et Io, gr. par *Picot*.

377 LEPAULLE (G.). L'Emotion, gr. par *Maile*.

378 LE PRINCE. Le corps de garde, belle gravure de *Le Veau* aux armes.

379 — Dame russe, étude en couleur gravée par *Bonnet*.

380 — 1° : 1re et 2e pastorale. 2 pl. à la sépia. — 2° Jolie étude gravée à la sanguine par *Demarteau*. — 3° 18 planches gravées à la sanguine par *Demarteau* : Principes du dessin dans le genre du paysage.

381 — La Leçon inutile, gr. par *Helman* aux armes.

382 LE PINTRE. La mère trompée. — La fille surprise. 2 gravures d'*Aug. Desnoyers*.

383 — La fille surprise (à part).

384 LE PEINTRE (C.). La petite Famille, belle pièce gravée par *de St-Aubin*. et *Helman*, aux armes du Duc de Chartres et Madame la Duchesse de Chartres.

385 LE ROY DE LIANCOURT. Ah! qu'il fait froid, gr. par *Duthé*. 2 autres jolies pièces dessinées et gravées par le même.

386 LE TITIEN. Le Ravissement, gr. par *Ganthier* et *Chaponier*.

387 — Jupiter amoureux d'Antiope se transforme en Satire, grande pièce.

388 LEVILLY (J. P.) The Hop Girl. — The Flower Girl. 2 jolies petites pièces anglaises.

389 — L'enfant retrouvé, jolie gravure en couleur.

390 LINGLETON. Le père absent ou le chagrin de la guerre. — Le père de retour ou les avantages de la paix. 2 gravures de *Levilly*.

391 LIEBETEAU. Retraite de Meaux. 2e et 3e tableaux, 2 gravures de *Masquelier*.

392 LINGELBACH. Le voyageur rafraîchi, gr. par *Le Vasseur*.

393 LORDAN. Départ du jeune Tobie, estampe coloriée, gr. par *Levachez*

394 **LORENTZ.** La vue de Grande Leer-Foss, pièce en couleur gravée par *Haas*.

395 **LOUTERBOURG.** Le Naufrage. — La petite fermière. — L'évocation des morts. 3 pièces.

396 **LA FAYE.** — La Fosse. — Lagrénée. — La Joue. — La Hire. — Lancret. — Landseer. — Laurent. — Le Barbier. — Le Blond. — Le Brun. — S. Leclerc. Lecomte. — Lefèvre. — Léonard de Vinci. — Le Pautre. — Le Sueur. — Liébéteau. — Lorrain. — Loutherbourg. —Luti. Lot important de 52 pièces.

397 **MALLET.** L'Amour les conduit. — Le Bain d'Amour. 2 pièces gravées par *J. Prudhon fils*.

398 — Le Goûter. — Le Travail. — La récréation champêtre. 3 pièces gravées par *J. Prudhon fils*.

399 — La Fidélité. — La Colombe. 2 pièces gravées par *J. Prudhon fils* et *Simon*.

400 **MANAIGO** (S.). Présentation de Marie au Temple, gde gravure de *Zucchi*.

401 **MARATTA** (Carlo). St Ignace devant la Vierge. — Ste Catherine vierge et martyre. 2 pièces

402 — Grande pièce gravée par *Auden* : David apercevant une baigneuse, scène biblique.

403 **MARCELLUS.** Lapidation de St Etienne, grande pièce.

404 **MARILLIER.** Reddition de l'armée du Lord Cornwallis. — Prise de la Dominique. — Prise du Sénégal. — Prise de Tabago. — Prise de l'Isle de Grenade. 5 jolies pièces in-4, avec longue légende.

405 **MARTINET.** L'air. — Le chien du fermier. 2 pièces gravées par *Jazet* et *Charon*.

406 — Combat entre Don Quichotte et le Biscaïen. — Don Quichotte à Barcelone. 2 grandes planches gravées par *Jazet*.

407 **MAXIME LALANNE.** Eaux-fortes et gravures sur bois. 9 gravures.

408 **MAZZOLA.** Etude de vierge, gravée par *Frulli*.

409 **MEISSONIER.** Le Liseur, gr. par Ch. *Carey*, épreuve sur chine.

410 **MELLAN** (C.). 3 sujets religieux dont 1 la face du Christ.

411 **MELLING.** Vue de la partie occidentale du village de Buyuk-Déré sur la rive européenne du Bosphore, grande gravure à l'eau-forte par *Pillement fils*.

412 **MEYER.** La chute dangereuse, gr. par *De Launay*.

413 **MICHALLON.** Mort de Rolland.

414 **MICHAU.** Vue des environs de Bruges, gr. par *Le Bas*.

415 **MICHEL ANGE.** Titius Gigas déchiré par un vautour. — Le jeu de l'arc, allégorie. 2 pièces.

416 **MIEL** (Jean). Chasse à l'oiseau, gr. par *Daullé*.

417 **MICHELIN.** Deux paysages tirés sur chine avant lettre (1863-67), offerts par l'auteur à Ph. Burty.

418 **MIÉRIS.** La Pourvoyeuse flamande. — L'observateur distrait.

419 **MIGNARD** (Pétrus). Simon le Cyrénéen aide Jésus à porter sa croix, très grande pièce gr. par *Audran*.

420 **MIGNARD.** David pendant la peste d'Israël.

421 **MONACO** (Pietro). Un ange apparait à Agar.

422 **MONAMY.** Gravure anglaise de Major sur un sujet de marine.

423 **MONNET**. Tu fuis inutilement. — Je t'en supplie, rends-le moi. 2 jolies pièces en ovale

424 — Journée du XIII Vendémiaire l'an IV. — Eglise St-Roch.

425 **MONSALDI** (Mlle). Jésus-Christ à la Colonne.

426 **MONSALDI** et **DEVISME**. Vue des ouvrages de peinture des artistes vivants exposés au Muséum Central des Arts en l'an VIII de la R. F. 1re planche.

427 **MONSIAU**. Le départ d'Adonis pour la chasse, pièce en couleur, gr. par *Demonchy*.

428 — Sujets du *Lutrin de Boileau*, 3 gravures de *Simonet* avant lettre.

429 **MOREAU LE JEUNE**. Arrivée de J.-J. Rousseau aux Champs-Elysées, gr. par *Macret*.

430 — Figures de l'histoire de France dessinées par Moreau et gravées par *Le Bas*, avec des explications par l'abbé Garnier, 1785-90. 148 fig. à mi-page.

431 — Les Amours d'un Héros chéri. — Henri IV chez le meunier. 2 gravures de *Fosseyeux* et *Simonet*.

432 **MORELLO**. Le sommeil interrompu, pièce en couleur.

433 **MORLAND** (G.). L'Africain hospitalier, gr. par *Rollet*.

434 — Les Parents vertueux. — La porte de la taverne. — La Belle pénitente. — Le bonheur domestique. 4 jolies gravures de *Bartoloti*.

435 **MOUCHET**. La Ruse et le Larcin d'amour. 2 gravures de *D'Arcis* et *Prot*.

436 **MUCIANO**. La Descente de la croix, gr. par *Corn. Cort*.

437 **MYRIS** (de). Histoire romaine. 31 planches avec texte explicatif gravé. Gravures de *Baquoy, Ghendt, Lingé, Delvaux*, etc., etc.

438 **MALLET**. — Mantuan. — Maratte. — Mariette. — Marillier. — Martinet. — Mellan. — Menageot. — Meunier. — Metellus. — Mettay. — Mieris. — Mignard. — Monsiau. — Morland. — Muller. Lot de 30 pièces anciennes.

439 **NATOIRE** (Charles). Tableaux de la chapelle des Enfants trouvés à Paris peints par *Ch. Natoire* et gravés par *Et. Fessard. Paris*, 1752-57. 13 gr. pl.

440 — Tableau de la Gloire au-dessus de l'autel des Enfants trouvés de Paris. — Vue perspective de la chapelle des Enfants trouvés de Paris ; 2 gr. planches gravées par *Fessard*.

441 **NAUDET**. Bataille d'Eylau. — Prise d'Alexandrie. 2 pièces.

442 **NEER** (Van der). 1er à 2e Clair de lune. 2 pièces, gr. par *Duret*.

443 **NEGGES**. Madame Dormeuse au déjeuner.

444 **NOEL** Vue du port de Carthagène. — Vue du port de Cadix. — Vue du port de Lisbonne.

445 **NETSCHER**. Vénus pleurant Adonis. — La Mauvaise nouvelle. 2 pièces.

446 — The Young Bird Catchers. — A Musical conversation. 2 pièces.

447 — Le petit physicien. — Les bulles de savon. — Le petit garçon. 3 pièces.

448 — Agar. — Mort de Cléopâtre. 2 pièces.

449 — Prière à Vénus, grande estampe.

450 **NETSCHER** et sa famille.

451 **NOGARI**. La femme aux fruits, gr. par *Haid*.

452 **NATINI**. — Natoire. — Nattier. — Naudet. — Netscher. Lot de 15 gravures.

453 **OSTADE**. La Conversation flamande, petite pièce coloriée.

454 **OUDRY**. Sujet des *Fables de la Fontaine*, épreuve avant lettre.
455 — La bonne chère. — Abois du cerf. — Le cygne effrayé. — Le caniche.
— Le lièvre, épreuve à la sanguine. 5 pièces.

456 **OZANNE** (N.). Grandes vues de combats. 7 planches gr. par *Dequevauviller*.
457 — Vues des ports et côtes de France. 7 planches moyennes, gr. par *Le Gouaz*.
458 — 7 planches gravées par *Le Gouaz*, de la collection des ports de France,
aux armes.
459 — Série de 16 planches (1 à 16), gravées par *Masquelier, Pillement,
Garreau*, représentant des vues de la mer Pacifique, de l'Amérique, des
Indes, de l'Afrique, etc., etc.
460 — 16 planches de tous formats appartenant aux diverses séries.

461 **PAJON**. Naissance d'un fils de Licurgue, gr. par *Charpentier*.

462 **PALMÉRIUS**. L'amour maternel et l'occupation champêtre. 2 pièces coloriées.

463 **PARIZEAU** (Ph. L.)
1° Recueil de figures et de groupes gravés | 2° 12 grandes planches d'études gravées à
à l'eau-forte. 9 planches. | la sanguine.

464 **PARROCEL**. Halte des gardes suisses. — Défaite des ligueurs par Henry IV,
— L'après-dînée. — Josué arrête le soleil (rehaussé de couleur). 4 pièces
gr. par *Le Bas, Basan*.

465 **PAZOU**. Les caresses réciproques, gr. par *Girard*.

466 **PAYSAGES**, Scènes champêtres, etc., etc. 18 pièces de *Both, Francisque,
Genoels, Herman, Le Titien, Vander Cabel*.

467 **PECHEUX**. Cauchoise, pièce coloriée, gr. par *Gatine*.

468 **PÉRELLE**. Vues, paysages, etc., etc., gr. par *Drevet, Mariette Poilly*,
etc., etc.
1° 5 planches. | 4° 26 planches
2° 16 — | 5° 24 —
3° 17 —

469 — Scènes champêtres. 3 pièces, gr. par *Drevet*.

470 **PERLIN**. Vue intérieure de bains publics, gr. par *Sellier*.

471 **PETITOT**. Veduta del Boschetto d'Arcadia dalla parte del Tempio.

472 **PINE**. Pièce anglaise allégorique en bistre, gr. par *Picot*.

473 **PIERRE**. Ganimèdes avec l'aigle de Jupiter, gr. par *Preisler*.

474 **PIETRI**. La Vierge accompagnée de plusieurs saints.

475 **PILLEMENT**. Arbres et arbustes. 28 planches.
476 — Vue des environs de Gaillon, gr. par *J.-B. Racine*, légèrement
coloriée.

477 **PINACKER**. Pâturage hollandais, gr. par *Ch. Weisbrote* et *Le Bas*.

478 **PIRANESI**. Son portrait gravé et 5 vues de monuments moyennes.
479 — Vues de monuments. 10 grandes pièces.

480 **POILLY**. Vénus accroupie, ou Vénus pudique.

481 **POLEMBURG**. Les plaisirs des Satyres. — La Masure. — Les Baigneuses
flamandes. 3 pièces gr. par *Le Vasseur* et *Verendrent*.

482 **POTTER** (Paul). Bœufs et moutons. 3 pièces et le portrait.
483 — Bœufs et moutons. 3 grandes pièces en couleurs gr. par *Couché*.
484 — Défilé de cavalerie. 2 pièces.

485 **POUSSIN** (Le). 12 grandes pièces de divers genres anciennes et modernes.

486 — 8 grandes planches gravées par *Claudia Stella* représentant quelques scènes de la Passion de Jésus-Christ.

487 —

1° 6 Etudes.

2° 11 reproductions de ses Œuvres.

488 —

1° Scènes de la vie de Jésus-Christ. 2 grandes pièces grav. par *Claudia*.
2° Grande pièce allégorique gr. par *Blot*.

3° Episodes de la vie de Phocion, 2 planches gravées. — Paysages, 2 planches gravées.

489 **PROCACCINI**. La Sainte famille.

490 **PRUDHON**. Le désir. — L'amour. — Oh ! les jolis petits chiens. — Mange, mon petit, mange. — Le coup de patte du chat. — Léda et Eucharis, 2 pièces. — L'amour caresse avant de blesser. 9 pièces.

491 — Le Commerce et la Navigation. 2 pièces.

492 — Etudes. 6 pièces.

493 **PATERRE**. — Parizeau. — Papety. — Parrocel. — Peters. — Philipeaux. — Pierre Pesta. — Piranesi. — Pailly. Polembourg. — Paul Potter. — Poussin. — Prudhon. Lot de 35 pièces.

494 **QUEVERDO**. Les charmes de l'amour, petite gravure de *Girard*.

495 **QUERFURT**. Défaite d'un convoi prussien près d'Olmutz, gr. par *Beauvarlet*.

496 **RABILLON**. Vue du collège de Pont-le-Voy, gr. par *J. Marchand*.

497 **RAMBERG**. Lavinia et sa mère, gr. par *J.-B. Gauthier*.

498 **RAOUX**. David éprouve la puissance de Bethsabée. — Angélique et Médor, gr. par *De Launay*. 2 pièces.

499 **RAPHAEL**. Jésus au tombeau, interprété par *Carolus Joseph Ratti* et *Joseph Perini*.

500 — La Sainte Famille — Judith. — La Vierge, l'Enfant Jésus et St-Jean-Baptiste. 10 pièces anciennes.

501 — 38 gravures anciennes se rapportant à l'ancien Testament.

502 — 2 Saint Jean-Baptiste, 2 sujets de la Vierge en épreuves non terminées.

503 — 20 études de têtes.

504 — 28 pièces gravées anciennes. *Raphaël, Le Pautre, Le Blond, Bartolus, Brebiette, etc., etc.*

505 **REGNAULT**. La Volupté, gr. par *Cazenave*.

506 **REMBRANDT**. 15 reproductions anciennes et modernes de son Œuvre.

507 **RENAUD**. Diane et Endymion.

508 **RENI** (Guido). Ecce Homo, gr. par *F. Lanvin*.

509 **REYNOLDS** (J.). L'homme entre le Vice et la Vertu. La Nimphe indifférente. 2 pièces.

510 **RICHTER**. L'école en désordre, gr. par *Debucourt*.

511 **RIDINGER**. Chevaux flamand, normand et suédois. 3 pl. gravées anciennes.

512 — Scènes de manège, XVIIIe siècle. 6 grandes planches gravées.

513 **RIGAUD** (J. F.). The Death of Lindamore, coloriée. — Count de Belemire. 2 gravures anglaises.

514 — 6 vues gravées.

515 **RINALDI**. L'oiseau dans la cage.

516 **RINGUET**. Souterrains, gr. par *Ringuet* en ovale.

517 **RIOULT**. 1re et 4e disgrâce de Ragotin (roman comique de Scarron), 2 grandes planches gravées par *Debucourt*.

518 **ROBERT** (H.). La cuisinière italienne. — La devineuse italienne. — Escalier des laveuses de Charenton, 3 vues dont une en bistre ; 6 pièces.

519 — Intérieur d'un cloître de religieuses, pièce coloriée gr. par *Descourtis*.

520 **ROBERT** (Léopold). Suite de 3 compositions. Les pêcheurs et les moissonneurs.

521 **ROGER**. Scènes de la vie de Mlle de Lafayette, gr. par *Thouvenin, Ruolle*. 6 estampes coloriées.

522 **ROMYN DE HOOGHE**. Sujets historiques. 4 pièces.

523 **ROMAIN** (Jules). Sujets anciens. 2 pièces fort curieuses.

524 **ROOS** (Henri). 2 études d'animaux : bœufs et chèvres, gr. par *Lucien*.

525 **ROQUEPLAN** (C.). 5 pièces gravées : Le passage du gué. — Les deux sœurs. — Paysages.

526 **ROSA** (Salvator). Mercure endormant Argus, gr. par *Carlier*.

527 — 53 gravures anciennes formant série.

528 **ROSSI** (Gio. Jacomo de). 3 pièces anciennes fort curieuses.

529 **ROUSSEAU**. Les Enfants joyeux. — Sujets tirés de *Marmontel*, 3 pièces. Ensemble 4 pièces.

530 **RUBENS**. Mariage de la Vierge. — Décollation de St-Jean-Baptiste. 2 pièces.

531 — Belle gravure allégorique gravée par *Tassaert*.

532 — Chasse au Lion, au Tigre, à l'Hippopotame. 3 pièces gravées par *Martini*.

533 — Henri IV délibère sur son futur mariage. — Le Mariage de la Reine. — Le débarquement de la Reine au port de Marseille. 3 pièces.

534 **RUBIO**. Jeune virtuose, gr. par *Cornillet*.

535 **RULLMANN**. Suite de 6 pièces. Imprudence et Sagesse, gr. par *Prot*.

536 **RAPHAEL**. — Rascicholi. — Ravault. — Rechi. — Regnault. — Rembrandt. Renaud. — Reynolds. — Réni. — Ribera. — Ribalta. — Ribot. — Jules Romain. — Rottenhamer. — Rousseau. — Rubens. — Rustschino. — Ruotte. Lot de 53 pièces.

537 **SACCHUS**. Saint Romuald. — Sujet religieux. 2 pièces.

538 **SAINT-AUBIN**. Amusements des petits polissons de Paris.

539 **SAINT-AMAND**. Olympe abandonnée de son époux, gr. par *Morange*.

540 **SANTERRE**. Suzanne au bain, gr. par *Porporati*.

541 **SCHALL-DESCOURTIS**. 3 pièces de *Paul et Virginie*. Superbes épreuves coloriées et avant lettre.

542 — Le Premier Baiser de l'Amour, gravure de *Le Grand* coloriée.

543 — L'amant surpris, gravure coloriée, réimpression moderne encadrée.

544 **SCHALL**. Enfance et adolescence de Paul et Virginie. 2 pièces coloriées gravées par *Le Grand*.

545 — L'Elysée. Le Rocher de Meillerie. Sujets de la Nouvelle Héloïse de J.-J. Rousseau. 2 pièces.

546 — Le Rocher de Meillerie. *(Lettre grise)*.

547 — La Jeune aveugle du Pont Neuf, gr. par *Simon*.

548 — Geneviève des Bois comtesse de Brabant, gr. par *Le Grand*.

549 SCHALL. Le Bât. Le Modèle disposé. 2 pièces gr. par *Lindor de Toulouze* et *Chaponnier*.

550 — Mademoiselle de Lavallière au couvent de Chaillot, gr. par *Prud'hon fils*.

551 SCHEFFER (A.). Laurent Ganganelli. 3 pièces gravées par *Jazet*.

552 SCHÉNAU. La jeune pélerine, gr. par *Biosse*.

553 SCHNETZ. Napolitaines. — Vœu à la Madone. 2 pièces gr. par *J. Bosq et A. Fauchery*.

554 — Vœu à la Madone, épreuve non terminée.

555 SEGERS (Gérard). Sainte Magdeleine. gr. par *Massard*.

556 SÉLIS. L'Amour consolant Psyché, gr. par *Sélis*.

557 SENAVE. Le Serment conjugal, gr. par *Maradan*.

558 SERGENT. Épisodes de l'histoire de France. 7 pièces coloriées, gr. par *Roger*.

559 SHARP. Niobe, grande estampe, gr. par *Samuel Smith*.

560 SICARD. Oh ! che fortuna ! — Come la trovate ? — Oh ! che Gusto ! 3 gravures de *Bouquet* et *Copia*, coloriées. Belles épreuves.

561 SICARDI. Sa mélodie charme les cœurs — Ah ! come l'avessi in Bocca — Non je vais les lui rendre. 3 pièces, gr. par *Mécou* et *Thouvenin*.

562 SILVESTRE. L'Amour, Apollon, Daphné, grande et belle estampe, gr. par *Chateau*.

563 SILVESTRE (Israël). Qui que Turmarum in Amphitheatro Pompa exhibita, grande pl. gravée.

564 SIMON. Bethsabée, gr. par le même.

565 SMAGLIEWIEZ. Presso Ludovico Mirri Mercante d'Quadri incontro al Palazzo Bernini a Roma. 2 grandes planches d'ornements.

566 SOINARD. La Coquette. — Les présents de Nore. — Toilette de la Mariée. — La Ménagère. 4 gravures de *Tassaert*.

567 STELLA. St-Joseph époux de la Vierge et père nourricier de Jésus-Christ, gr. par *Stella*.

568 STEPHANOFF. Place à prendre, gr. par *Smith*.

569 STORK. Tempête, vue d'Italie, gr. par *J. Ph. Le Bas*.

570 SWANEVELDI. Le petit Lac, gr. par *Basan*.

571 SALVATOR ROSA. — Sadeler. — Schall. — Scheffer. — Schiavoni. —Segante.—Schidone.—Segers. — Sicardy. — Silvestre.— Stella. — Sweback. Lot de 20 gravures anciennes.

572 TENIERS (David). Le Médecin empirique. — Le Combat sans danger. — Le Musicien flamand. — L'Ecole de bon goust. — La Bonne intelligence. — La Pêche. — Le Repos. Gr. par *Adeline, Beauvarlet, Chenu, Le Bas, Tardieu*. 7 pièces.

573 — Le Sabat. — Vues de Flandre. — Le Marché. — Les Bons villageois. — Les Accords flamands. 11 réimpressions.

574 TESTA (Pietro). Reproduction gravée de deux dessins à la plume représentant la Naissance de Jésus-Christ.

575 THOMAS DE LEU. 9 sujets extraits de son œuvre gravé.

576 THORWALDSEN. Il Giorno. — La Notte. 2 pièces gr. par *Amsler*.

577 THORWALDSEN. La Charité. — La Gloire. — Génies, avec fleurs et couronnes. 3 pièces gravées.

578 **TIEPOLO**. Vario è il vestir, ma il desiderio è un Solo Cercan tutti fuggir tristezza, e duolo. Jolie gravure de *Leonardis*.

579 **TILBURY**. Le retour imprévu, gr. par *Lucas*.

580 **TITIEN** (Le). La tentative inutile, gr. par *Le Charpentier*.

581 **TREILLARD**. Louis Mandrin.

582 **TREMOLLIÈRE**. Diane et ses compagnes au bain, gr. par *J. Maillet*.

583 **TROY** (de). Les apprêts du Bal. — Le retour du Bal. — 2 gravures de *Beauvarlet*.

584 — Jupiter et Sémélé, gr. par *Duflos*.

585 — Venus se venge de Psyché, gr. par *Avril*.

586 **TABART**. Teniers. — Testa. — Texier. — Tintoret. — Le Titien. — Tournière. — Tresham. — De Troy. Lot de 33 pièces.

587 **VAN DE VELDE**. Promenade du Prince d'Orange au village de Schevelingen, gr. par *Ghendt*.

588 **VAN DER MEULEN**. Le Rhin passé à la nage par les François à la veüe de l'armée de Hollande, 1672. — Le Roy à la chasse du Cerf, avec les Dames. 2 grandes pièces.

589 **VANDERWERFF**. Roman charity.

590 **VAN DYCK**. Le joueur de musette, gr. par *Langlois*. — Le couronnement d'épines, gr. par *Drevet*. 2 pièces.

591 — 2 beaux portraits à la sanguine dont celui de *Stalbent*, peintre flamand.

592 **VALET**. Diane et Calisto, gr. par *Legrand*.

593 **VANGORP**. L'Inattention, jolie gravure légèrement teintée bistre, gr. par *Honoré*.

594 **VANLOO** (Carle). Scène de cabaret, sanguine. — Sainte Geneviève. — Lecture espagnole. — La sculpture. — Cupidon, Dieu et l'Amour. — Mariage de la Vierge. — Mars et Vénus. — Les Grâces. 8 gravures par *Demarteau, Balechou, Corbutt, Fessard, Duverbreck, Dupuis, Le Vasseur*.

595 **VANLOO** (Carle).

1° Etudes de têtes et académies à plusieurs crayons, gravées par *Demarteau, Bonnet et Jubier*. 5 pièces.
2° Etudes de têtes à la sanguine, gravées par *Hayard Lucien*. 4 pièces.
3° Etudes (grandes) académiques, gravées par *Demarteau, de Bellay, Miger*. 6 pièces.

596 **VANNIUS**. St-Dominique chez Raymond de Durfort, gr. par *Coëlmans*.

597 **VATEAU**. Mort du général Montcalm, tué en défendant Québec en 1759 contre les Anglais.

598 **VÉLASQUEZ** (Don Diego). Statues équestres de la famille royale d'Espagne. 6 estampes gr. par Francisco Goya.

599 — Un Enfant d'Espagne.

600 — Scène de Bacchus.

601 — 2 portraits en pied : Œsope et Ménipe.

602 — Dia 19 de Marzo de 1808 en Aranjuez. 2 pièces.

603 **VENEKBON** (D.), grand paysage gravé par *Louden*. 1608.

604 **VERDIER** (F.). Les Noces de Cana. — Académies, 7 pièces. Ensemble 8 pièces.

605 VERNET (Joseph). Collection des ports de France, gr. par *Cochin et Le Bas*.

1° Port de Bordeaux. 2 planches.	6° Port de Toulon. 2 pl.
2° Port de La Rochelle. 1 planche.	7° Pêche du Thon. 1 pl.
3° Port de Cette en Languedoc. 1 pl.	8° Port de Carthagène. 2 pl. dont 1 col.
4° Port de Marseille. 1 pl.	9° Port de Cadix.
5° Port d'Antibes. 1 pl.	10° Port de Lisbonne.

606 — Vues, ports, scènes maritimes et autres gr. par *Aliamet, Helman, Le Bas, etc., etc.* 35 planches.

607 VERNET (Horace). Madame de La Vallière aux genoux de la Reine lui demande pardon. — Malck-Adhel sauve Mathilde de la fureur des Arabes bédoins. 2 jolies gravures coloriées.

608 — La Retraite, gr. par *Jazet*.

609 — 12 gravures reproduisant les tableaux de son salon de 1822.

610 — Petites gravures de costumes. 6 pièces.

611 — Atelier d'Horace Vernet et 5 autres pièces gravées.

612 VERNET (Carle).

1° Mameluck au repos. Chef de Mameluks, 2 grandes pl. gravées par Jazet.	*Debucourt.*
2° Cheval sauvage, gr. par *Levachez*.	4° Etalon de chevaux de chasse, gr. par *Gumble.*
3° Etude de cheval napolitain, gr. par	5° L'Ecurie, gr. par *Charon*.

613 VÉRONESE (Paul.). Rebecca, gr. par *L. Jacob*.

614 VIEN. La chaste Suzanne. — L'Hermite sans souci. 2 pièces gr. par *Beauvarlet et Miger*.

615 VIGÉE (Elisabeth). La Vertu irrésolue, gr. par *Dennel*.

616 VISSCHER. Scène d'intérieur, gr. du même.

617 VLEUGHELS. Le Roi Salomon. – Uranie et Polymnie. — Thalie et Terpsicore. 3 pièces gr. par *E. Jeaurat*.

618 VOUET (Simon). 28 gravures anciennes de divers genres.

619 VALI. — Van der Does. — Van Dyck. — Vanloo. — Vannucce. — Vercelli. — Verdier. — Les Vernet. — Vignon. — Vivarès. – Vleughels. — Vouët (Simon). Lot de 22 gravures anciennes.

620 WAILLY (de). Obélisque élevé à la gloire de Louis XVI sur la place de Port Vendres, en Roussillon, 1780.

621 WATTEAU (Ant.). Son portrait gravé à l'eau-forte et 19 gravures anciennes et modernes.

622 WEIROTTIER. Vue de la Seine. — Bourg du Brabant du côté d'Anvers. 2 gravures par *Le Veau*.

623 WEST (B.). Der General Wolf. — Charles II débarque à Douvres. 2 pièces gr. par *Delaunay*.

624 WEST. Antoine au bûcher de César. — Serment d'Annibal. — Mort d'Epaminondas. — Agripine. 4 grandes pièces, gr. par *Jazet*.

625 WILKIE. Lecture d'un Testament, gr. par *Jazet*. — Le plaisir de la danse. — Le retour inattendu, gr. par *Debucourt*. — 3 pièces.

626 WILLE. Le Maréchal des Logis. — Petit Waux-Hall. — Amusement du jeune âge. 3 pièces, gr. par *Wille et Chevillet*.

627 — Jolie étude à la sanguine, gr. par *Carée*.

628 WOUVERMENS Le chemin de traverse. — Le Maréchal en exercice. — Garde avancée de Hulans. 3 pièces gr. par *Aliamet et Beaumont*.

629 **WRIGHT**. La leçon de chant, gr. par *Mariski*.

630 **WUEST** (H.). Le Monument de Salomon Gessner à Zuric, gr. par *W. F. Gmelin*.

631 **WEYROTTER**. — Werff. — Westall. — de Witt. — P. Woeiriot. — Wille. — Wouvermens. Lot de 20 gravures anciennes dont 1 de Westall coloriée.

632 **YVON** (Ad.) Prise de la Tour de Malakoff. Epreuve sur chine de *l'Alliance des Arts*.

633 **ZEITTER** (J. C.). The Spanish bandit, gr. par *J. Egan*.

634 **ZOCCHI** (Guis). Lo Sposalizio di Maria Vergine, d'après *Pierre de Cortone*.

635 **ZOREL**. Etablissement des François à Cayenne, gr. par *Firch*.

636 **ZURBARAN**. Judith. — Le Moine en prière. 2 pièces gr. par *Desclaux*.

637 **ZAMPIERI**. — Zenoï. — Zorqué. — Zuccarus. — Zurbaran. Lot de 8 gravures anciennes.

II. Architecture, archéologie, caricatures, costumes,
paysages, etc.

638 **ACADÉMIES** et études d'après nature. 10 grandes planches gravées.

639 **ANIMAUX** gravés d'après les Maîtres des XVIIe et XVIIIe siècles, *Berghem, Oudry, Pillement, etc., etc.* 66 planches.

640 **ARCHITECTURE**. Archéologie. Antiquité.

1° Architecture moderne. 184 planches noires et coloriées en 3 séries.

2° Architecture ancienne.

    1° Arch. anc., charpenterie, hydraulique. 50 pl., 3 séries.

    2° *Boucher fils, Cassas, Dumont.* 121 pl., 3 séries.

3° Archéologie. 62 pl. anciennes et modernes, gr. et lith.

4° Antiquités. 420 pl. la plupart anciennes classées en 7 séries, extraites des grands ouvrages spéciaux.

5° Bas-reliefs, ornements, mausolés, colonnes, monuments, fontaines, etc., etc. 105 grandes planches en 3 séries.

641 **BATAILLES** de l'Empire, d'après les tableaux de *Baigean, Le Comte, Rohn, Swebach*, gr. par *Bovinet, Couché, Dequevauvillers, Pigeol, etc., etc.* 29 estampes.

642 **CARICATURES** anciennes gravées, politiques et autres; de *Bosse, Cruickshank, Huet, Marcus, Malapeau, Martinet, Naudet, Lavalée, Perrin, Rollandson, etc., etc.* 40 pièces dont plusieurs en couleur.

643 **COSTUMES** polonais, 1817. 24 planches gravées par *Debucourt*.

644 **COSTUMES** étrangers. 60 planches gravées et coloriées de *Martinet, Lanté, Gatine, Desrais, etc., etc.*

645 — 105 planches anciennes gravées de diverses publications.

646 — 50 planches gravées, coloriées, de diverses publications.

647 — 36 planches gravées de diverses publications.

648 **COSTUMES** français. 30 planches anciennes gravées et coloriées : *Costume Parisien. Lanté, Gatine, Pécheux, Horace Vernet, Martinet, etc., etc.*

649 — 29 planches gravées anciennes extraites de publications.

650 — 23 planches gravées et coloriées extraites de publications.

651 **COSTUMES** de théâtre. 20 planches anciennes très finement gravées et coloriées, signée de *Martinet, Carle Vernet, etc., etc.*

652 COSTUMES français. 45 pl. gravées extraites de publications.

653 EAUX-FORTES et gravures modernes. 15 pièces de tous formats : *Chaplin, Guérard, Leduc, Leroy, Marvy, Riffaut.*

654 ENFANT (L') prodigue quitte le toit paternel.— Il est plongé dans la débauche.— Il est chassé de Memphis. — Il rentre dans le sein paternel. 4 pièces gravées.

655 ÉTUDES gravées d'après les maîtres des XVII° et XVIII° siècles.

1° Boizot 2 pl.	9° Le Barbier. 22 pl.	
2° Caillat. 6 pl.	10° Le Mire. 19 pl.	
3 Carracho. 23 pl.	11° Prudhon. 1 pl.	
4° David. 3 pl.	12° Roger. 1 pl.	
5° Delvaux. 4 pl.	13° Raphael-Sanzio.7 pl.	
6° Fleury. 1 pl.	14° Reverdin. 25 pl.	
7° Greuze. 1 pl.	15° Vauthier. 2 pl.	
8° Guérin. 3 pl.	16° Divers : 44 pl.	

656 ÉTUDES en sanguine gravées d'après les maîtres des XVII° et XVIII° siècles.

1° Bachelier. 1 pl.	15° Lanfranc. 1 pl.
2° Blanchet. 3 pl.	16° Lebarbier. 2 pl.
3° Boizeau. 1 pl.	17° Le Brun. 1 pl.
4° Bouchardon. 3 pl.	18° Le Clerc. 6 pl.
5° Buonarotti. 1 pl.	19° Lemire. 4 pl.
6° Caillat. 2 pl.	20° Lemoyne. 1 pl.
7° Carrache. 2 pl.	21° Meynier. 1 pl.
8° Cochin. 1 pl.	22° Motte. 1 pl.
9° Demarteau. 1 pl.	23° Monnet. 2 pl.
10° Detroy. 3 pl.	24° Natoire. 3 pl.
11° Dominicain. 1 pl.	25° Parocel. 1 pl.
12° Durameau. 2 pl.	26° Pierre. 12 pl.
13° Eisen. 4 pl.	27° Slotdz. 1 pl.
14° Lagrenée. 2 pl.	28° Divers. 6 pl.

657 ÉTUDES de têtes gravées tirées en noir et en sanguine, de *François, Lefèvre, Leclère, etc., etc.* 28 pl.

658 ESTAMPES coloriées. Caractacus roi des Silures. — Cornélie mère de Gracches. — Cléopâtre et Méléagre. — Conclusion du traité de Troyes. 4 pièces.

659 FRAGMENTS de gravures anciennes, XVI, XVII et XVIII° siècles. 280 pièces de tous formats (5 séries).

660 FRANCE MILITAIRE. 125 gravures extraites de cette publication.

661 GALERIE du Musée Napoléon, publiée par *Filhol*, graveur, 1804-1815. 407 planches au burin très bien gravées par *Laugier, Massard, Lignon,* etc., etc.

1° Ecole Française. 67 planches.	3° Ecole Italienne. 102 planches.
2 Ecole Flamande. 170 planches.	4° Sculpture. 68 planches.

662 GALERIE du Palais Royal, reproductions gravées de tableaux anciens et de diverses écoles. 9 pièces avec notices et encadrements gravés.

663 GALERIES historiques de Versailles.

1° Scènes historiques avant la Révolution. 26 planches gravées.	3° Scènes historiques après l'Empire. 14 planches gr.
2° Batailles de l'Empire. 28 planches gravées.	4° Portraits divers. 24 planches gravées.

664 GRAVURES sur acier extraites de publications anglaises : genre, vues, paysages, etc., etc. 157 planches dont 12 coloriées (1819-20).

665 HISTOIRE de la Pologne. 127 pl. gravées : vues, portraits, monuments, etc., etc.

666 HYDROGRRPHIE française. Le Neptune françois. 4 grandes pièces gravées. Frontispices de ces publications anciennes.

667 L'ARTISTE. Gravures et eaux-fortes, extraites de l'Artiste : Vues, paysages. 55 pièces.

668 — Gravures et eaux-fortes extraite de l'Artiste : (genre). 65 pièces.

669 LA TRAPPE. Série de 11 estampes gravées, anciennes, relatives à la *Vie des Trappistes*.

670 MARINE. Sujets gravés. *Crepin, Garnerey, Le Poitevin, Ozanne.* 13 pl.

671 — Petits sujets, 50 pl.

672 PARADIS (Le) perdu, de *Milton*. Suite de 18 planches gravées et tirées sur chine dont plusieurs avant lettre.

673 MODES, 1800-1890, gravures coloriées, extraites des Journaux de Modes.

1 Administration des journaux de modes. — Journal des modistes et lingères (1870-1880) ; 100 planches.
2 Bon Ton (Le). — Le Caprice. — La Sylphide (1835-1845) ; 120 planches.
3 Conseiller universel (Le) de la mode, des dames et des demoiselles (1847-1884) ; 75 planches.
4 Costume parisien (1800-1840) ; 350 planches.
5 Divers : le Fashionable ; l'Iris ; le Colifichet, etc. L'Elégant. — Le Lion (1820-1850) ; 125 planches.
6 Divers (1870-1880) ; 100 planches.
7 Follet (Le) (1830-1845) ; 440 planches.
8 Courrier de la Mode. — Gazette rose illustrée. — L'Illustrateur des dames. — L'Illustrateur de la Mode. (1874-1884) ; 115 planches.
9 Journal des demoiselles. (1836-1884) ; 173 planches.
10 Magasin des demoiselles. — Mode actuelle. — La Mode artistique. (1850-1880) ; 120 planches.
11 Mode (La) (1830-1845) ; 550 planches la plupart dessinées par Gavarni.
12 Modes anglaises (1819-1820 et 1860-1865) ; 34 planches.
13 Modes de l'enfance (Les). — Modes de la saison. — Modes parisiennes (1875-1884) ; 63 planches.
14 Modes de Paris (1820-1848) ; 255 pl.
15 Moniteur de la mode ; des dames et des demoiselles. — Musée des modes (1840-1888) ; 125 planches.
16 Parisien (Le). — Le Printemps. — Le Progrès (1843-1877) : 100 planches.
17 Revue de la mode. — Le Soleil. — Théorie de l'art du tailleur. — Toilettes de ville, du bal et de mariée (1848-1880) ; 89 planches.
18 Mode illustrée (La). — La Mode universelle (1867-1879) ; 82 planches.

674 MONUMENTS anciens et modernes, ruines archéologiques, vues, paysages, etc., etc. Environ 750 planches classées par pays étrangers, extraites pour la plupart de grandes collections gravées.

1 Allemagne ; 31 pl.
2 Autriche-Hongrie, 12 pl.
3 Belgique, 18 pl.
4 Espagne, 56 pl.
5 Etats Scandinaves, 8 pl.
6 Grèce, 6 pl.
7 Iles Britanniques, 188 pl.
8 Italie, 169 pl.
9 Pays-Bas, 29 pl.
10 Russie, 7 pl.
11 Suisse, 46 pl.
12 Turquie, 58 pl.
13 Afrique, 24 pl.
14 Asie, 54 pl.
15 Amérique, 22 pl.
16 Océanie, 7 pl.

675 MONUMENTS anciens et modernes, ruines archéologiques, vues, paysages, etc., etc., environ 550 pièces, classées par région et extraites de grandes collections gravées.

1 Guyenne et Gascogne, 17 pl.
2 Béarn. Pyrénées, Pays Basque, 6 pl.
3 Périgord, Quercy, Rouergue, 17 pl.
4 Lyonnais, Languedoc, Roussillon, Comté-de-Foix (Nîmes), 52 pl.
5 Poitou, Aunis, Saintonge, Angoumois, 12 pl.
6 Normandie, Maine, Anjou, Bretagne, 78 pl.
7 Touraine, Orléanais, Berry, Nivernais, Bourbonnais, Auvergne, Marche, Limousin, 65 pl.
8 Flandre, Artois, Picardie, 21 pl.
9 Champagne, Alsace-Lorraine, Franche-Comté, Bourgogne, 34 pl.
10 Savoie, Dauphiné, Provence, Nice, 43 pl.
11 Paris, Ile de France, 200 pl.
12 Corse, Algérie, Colonies, 13 pl.

676 **MONUMENTS** anciens et modernes, ruines archéologiques, vues, paysages, études, etc., etc. 318 planches, gravées et classées en 6 séries.

677 **MONUMENTS** divers en lots, 550 pl.

678 **MOMUMENTS** de Rome et de ses environs.

1 *Alaux* et *Lesueur*, 1826. Grandes lithographies de monuments tirées sur chine, 13 planches.
2 *Blondel* (G. F.). Vues de quelques monuments de Rome 9 superbes planches gravées à la manière noire.
3 *Bourgeois, Coignet, Michallon, Pallière, Remond, etc., etc.* ; grandes lithographies de monuments, 20 planches.
4 *Carache* (Annibal). Motifs gravés du palais Farnèse, 21 planches.
5 Gravures anciennes de genre, 23 planches.
6 Gravures modernes et lithographies, 28 planches.
7 *Petitot.* Projets de monuments, 5 planches gravées,
8 *Pinotti* (Rome, 1821). 23 grandes planches gravées : Amusements, Carnaval, Cavalcade, Cérémonies, Chanteurs ambulants, Costumes, Combats, Marchés, Scènes de famille.
9 Vues d'optique coloriées, 13 planches
10 Vues anciennes gravées — 1er série, 74 planches. 2e série, 14 planches.
11 Vues moderne gravées, 29 planches.
12 *Smaglieivie* (Franc.). 8 grandes planches d'ornements gravées.

679 **ORNEMENTS** de *Berain, Boucher, De La Fosse, La Londe, La Mesangère, Le Pautre, etc., etc.* Environ 300 planches gravées d'ornements, meubles, etc., etc.

680 — Fleurs, Fruits, Vases, etc., etc., gravés par *Carle, Pillement, Robert, Roubillac, Tardieu, Tessier, Vidal, etc., etc.* 40 planches dont 10 en sanguine.

681 **SUITE** d'estampes gravées par *La Marquise de Pompadour* d'après les pierres gravées de *Guay*, graveur du Roy. 2 frontispices et 5 planches portant les Nos 5-8-27-36-40.

682 **TABLEAUX** des Français, scènes de l'histoire de France par *Borel, Marillier, etc., etc.*, gravées par *Dambrun, Delignon, Le Beau, Patas, etc.*, etc. 26 pièces formant 3 séries répétées.

683 **TABLEAUX** historiques de la Révolution française, 132 gravures (sur 183), dessinées par *Delvaux, Duplessis-Bertaux, Girardet, Meunier, etc., etc.*, gravées par *Berthault, Choffard, Coiny, etc., etc.* La série 1 à 141 est à peu près complète.

684 — Autre série de tableaux (Nos 1 à 9). Dessins par *Veny* et *Girardet*, gravure de *Niquet*.

685 **TAUROMACHIE.** 7 planches gravées, anciennes.

686 **TYPES** étrangers gravés, extraits des grandes publications de voyages, 16 planches.

687 **VASES** (Suite de) XVIIIe par *Le Prieur, Boucher, Duplessis, Larue, Parizot*. 47 planches de tous formats.

688 **VRAI** théâtre d'honneur de *Vulson de la Colombière*. 3 grandes planches gravées représentant des tournois.

689 **VUES** d'optique gravées et coloriées anciennes :
1° France 50 planches.
2° Angleterre 20 planches.
3° Italie 22 planches.
4° Divers 33 planches.

690 **VUES** coloriées de Florence, d'après *Luigi Garibbo*, gravures de *Telemaco Buonajuti*, 1825, 7 estampes bien coloriées.

691 **VUES** gravées anciennes d'Italie. 17 planches. — *Luca Carlenarijs*, 6 autres vues anciennes gravées. Ensemble. 23 planches.

692 **VUES** des bords du Rhin, coloriées (*Londres*, 1826), série complète de 24 vues dessinées par *Schutz*, gravées par *Sutherland, Havell*, etc., etc.

693 VUES gravées anciennes.

1° Herman van Suanevelt. 17 pièces, in-4 obl. | 2° Waterlo Antonius. 10 pièces, in-4 obl.

694 VUES diverses gravées et coloriées, extraites pour la plupart de publications anciennes françaises et étrangères. 27 pièces.

695 VUES très finement gravées, éditées à *Paris, chez Osterwald*. 140 pièces.

696 VUES de quelques villes :

Lyon, 12 planches anciennes et modernes.	Toulon, 23 planches.
Paris, 250 planches variées en 6 séries.	Versailles et Château, 66 pl.
Strasbourg, 20 planches.	

LITHOGRAPHIES

I. Sujets de genre.

697 ADAM (V.). Le Bien, le Mal. 14 lith.

698 — Croquades, passe-temps, souvenirs, etc., etc. 33 lith. de tous formats.

699 — Chevaux, scènes de courses, de manège, d'attelage, etc., etc. 33 grandes lith.

700 — 15 sujets variés, lithographiés.

701 — Passe-temps. *Paris, s. d.*, album de 6 lithographies, in-4, en feuilles.

702 ARAGO. Habitants des Iles Sandwich, 7 lith. de *Langlumé*, 7 autres planches gravées.

703 ANONYME. Novembre 1830, sur chine, grande pièce.

704 BAPTISTE. Danse des Marionnettes. — Les Terrassiers, 2 pièces.

705 BARATHIER. Cadmus, lith. sur chine par *C. Motte*.

706 BAUME. Le départ du conscrit.

707 BEAUME. Alain Chartier. lith. par *Sudre*.

708 — La même pièce, épreuve sur chine avant lettre.

709 — Le chien de la Forêt d'Orte, lith. par *Lavigne*, épreuve sur chine.

710 BELLANGÉ (H.). Croquis lithographiques (Scènes de genre). 44 pièces.

711 — Croquis lithographiques (Scènes Militaires). 55 pièces.

712 BODMER (G.). La Lecture, lith. par *Lemercier*.

713 BOILLY (L.). Les Epoux assortis. — Le Portrait. — La Bonne Nouvelle. — La Perruque du Grand-Père. — Le second mois. — L'Avarice. — Finissez donc ; lith. de *Delpech*, 7 pl. coloriées.

714 — La lecture des journaux. — La petite famille. — Le pouvoir de l'éloquence. — Le Vieillard de Salins. — Le Singe mendiant. — Le jeu des échecs. — Le jeu de dominos. — Les pleurs. 8 lith.

715 — Réjouissance publique. Superbe lithographie datée de 1826.

716 — La fontaine, lith. par *Delpech*.

717 BONNEFOND. Le Marchand de Volailles, lith. sur chine.

718 BOSIO. Trait de Jeanne d'Arc, grande lith. de *Villain*.

749 **BOULANGER**. La ronde du Sabbat, lith. par *Levasseur*. — Les baisers d'une mère, lith. par *Garnier*.

720 **BOURGEOIS**. Etudes. Marines. Ruines. Vues champêtres, etc., etc. 17 pièces lith. par *C. Engelmann*.

721 **CARRIÈRE**. La Terre, le Feu, l'Amérique, l'Eté, l'Hiver, le Matin, l'Odorat. 7 pièces.

722 **CASEY**. La Coiffure, lith. par *Regnier*.

723 **CHARLET**. Etudes, Portraits, Scènes militaires, etc., etc. 31 lith.

724 **CHEVANDIER**. Les Faunes, lith. par *Français*.

725 **COGNET** (Léon). Les Tirailleurs, lith. par *Delpech*.

726 **COLIN** (A.). La Promenade. — Jeune femme d'Iscia. — Combien ! 3 pièces dont 2 sur chine.

727 **COTTRAN**. Les patineuses, lith. par *Lafosse*.

728 **COUDER**. Chilpéric et Frédégonde, lith. par *Langlumé*, sur chine.

729 **COUPIN**. Bergère écossaise, lith. par *Delpech*.

730 **COURT**. Le Lever, lith. par *Delpech*.
731 — Jeune fille d'Isola de Sora, lith. par *Michel*.

732 **COUTAN**. Le Guide écossais. — Le dessinateur, 2 lith. par *Delpech*.

733 **DAUMIER** (H.). Caricatures lith. : M. Gogo. Bohémiens de Paris. Actualités. Histoire ancienne, etc., etc. 10 pl.

734 **DAVID** (Jules). Scènes de famille composées et lithographiées par *J. David* 12 superbes planches avec entourage par *Sarrieu*.

735 **DECAMPS**. 9 lithographies diverses.

736 **DE DREUX**. — Lalaisse. — Lœillot. — E. Swebach : Chevaux. 8 planches litho. légèrement coloriées.

737 **DELACROIX** (Eugène). Le Christ au tombeau d'après le tableau de Delacroix, lithographie par *J. Laurens*. Superbe pièce.
738 — Le Christ au jardin des Oliviers. — L'Odalisque. — Turc tenant un fusil. — Otello. — Prise de Constantinople. — Le Tasse en prison. 6 lithographies.
739 — Odette et Charles VI, lith. par *Vilain*.

740 **DEJUINNE**. Les quatre Saisons. 4 pièces lith. par *Aubry Lecomte*.
741 — Même série, épreuves avant lettre sur chine.

742 **DELISLE** (M⁰ V.). Charles VII et Agnès Sorel, lith. par Mlle *Hubert*.

743 **DESTOUCHES**. Anne d'Autriche et Buckingham, lith. par *Maurin* sur Chine.

744 **DEVERIA** (Eugène et A.). Superbe suite de 5 grandes lithographies coloriées tirées de *G. Sand, Mauprat*.

745 **DEVÉRIA**. Les six femmes de Henry VIII. Portraits dessinés par *A. Devéria*. 6 grandes lith. tirées sur chine.
746 — 4 lithographies coloriées.
747 — Lot très important de 120 lith.

748 **DUVAL LECANUS**. La Prière. — La Partie de Piquet des Invalides. — Départ pour l'Ecole. — L'Espièglerie. 4 pièces.

749 **DIVERS**. Sous ce numéro environ 750 lithographies de tous genres et de tous formats seront vendus par lots classés autant que possible.

750 **FESCHNER** (E.). Madonna, grande pièce lith. par le même.

751 FRAGONARD. L'Irrésistible. — Monument à Pichegru. — La Belle Arsène. — S'il pouvait me comprendre. — La promenade sur l'eau. — François Ier sortant de la prison de Madrid. 6 pièces.

752 FRANQUELIN. Le Bain. — La Coquette. — L'Indiscrète. 3 pièces.

753 GARNIER. Le Billet. — Le Garde-chasse. 2 lith.

754 GAVARNI. Œuvre lithograph. La Correctionnelle. — Les Enfants terribles. — Le Carnaval à Paris. — Les Lorettes. — La Vie de Jeune homme. — Les Actrices. — Les Coulisses, etc., etc. 188 pièces.

755 — 177 gravures sur bois extraites des *Œuvres choisies de Gavarni*. (Hetzel, 1845).

756 GÉNOT. L'Enfant malade. — La Bonne Mère. 2 lith. par *Weber*.

757 GÉRICAULT. Etudes de chevaux. 13 planches lith. par *Villain, Delpech, etc.*

758 — Bull-Dog. d'après l'étude peinte par *Géricault*, lith. par *Villain*.

759 GIRAUD. Le passage en France. — L'Inondation. 2 pièces.

760 GIRODET TRIOSON. La Danse ou Palémon et Silvie. — Galatée. — Mercure. — Une Nayade. — Apollon et Daphné. — L'Erèbe et la Nuit. — 2 autres jolies pièces lith. Ensemble 8 pièces tirées sur chine.

761 — Lithographies. 2 portraits et 20 grandes planches de genre y compris 4 grandes études superbes.

762 — Etude de Tableaux d'Ossian. Album gr. in-fol contenant 16 superbes lithographies.

763 — 3 grandes lithographies : Mardochée, Mustapha, Botzzaris.

764 GORSE. Buste de Femme.

765 GOYA (Francisco). Un mariage burlesque, lith. de *L'Artiste*. — La vieille poussière fait la boue d'à-présent, lith. par *Motte* (attribuée à Goya). 2 pièces.

766 — Suite de 8 Scènes de Tauromachie. Epreuves de report sur pierre lithographique, de l'Imprimerie Augé Delisle, Bordeaux.

767 — Suite de 22 photographies, reproductions de ses Œuvres : Caprichos, La Garrotto, Désastres de la guerre, Tauromachie, etc., etc.

768 — Suite de 2 portraits et 21 gravures sur bois.

769 GRANDVILLE (J.).

1° Les métamorphoses du jour. 9 pl. dont 6 coloriées.
2° Les Fleurs animées. Droleries végétales. 18 pl. coloriées.
3° Grande course au clocher académique, pièce coloriée très curieuse.
4° Voyage moral et pittoresque. 2 pl.
5° Types modernes 1835. Observations critiques. 7 planches.
6° Caricatures du jour. 2 pl.
7° 3 grandes caricatures.

770 GRENIER. Les Intimes. — La Petite Bonne. 2 pièces.

771 — Sujets de chasse. 12 pièces.

772 GREVEDON. Tout beau. — Le sommeil. 2 jolies pièces.

773 — L'Europe, l'Asie, l'Amérique, l'Afrique. 4 jolies pièces.

774 — Japonaise. Vénitienne. — 2 jolies pièces.

775 — Bourgeoise, musicienne, poète, grisette, actrice. 5 lith. tirées sur chine.

776 HAUDEBOURT-LESCOT (Me). L'Usurier, lith. par *Léon Noël*.

777 ISABEY (Eug.). Marines et souvenirs de Bretagne. 7 lith. par *Motte* et *Lemercier* dont 5 tirées sur chine.

778 JACOB (N. H.). Hyppolite reine des Amazones assaillie par un lion. — Hercule vainqueur des Amazones. — L'Amitié, par l'Amitié à l'Amitié. 3 lith. par *Langlumé*.

779 **JACQUAND**. La Petite armée. Les petits postillons, 2 lith. par *Léon Noël*.

780 **JOHANNOT** (Alfred). La pauvre aveugle, lith. par *Delpech*.

781 **JOUVENET**. Adoration des mages, lith. par *Magge*.

782 **LAMI** (Eug.). Croquis, 2 pièces. — Parisina, 2 pièces. — La Tour (Galerie des Fusils), pièce col. Ensemble 5 lith.

783 **LANDSEER**. La Jolie Villageoise, lith. par *E. Desmaisons*.

784 **LANGLOIS** (C.). Couvent du Mont Serrat, lith. par *E. Ardil*.

785 — Campagne de l'armée française en Espagne 1808-1813. 9 lith. par *Villeneuve, Dupressoir, Sabatier*, etc.

786 **LA ROCHENOIRE** (J. de). Les Bacchantes, lith. par *A. Lamry*.

787 **LAURENT**. Cendrillon, lith. sur Chine par *Villain*.

788 **LECOMTE** (Hte). Riquet à la Houppe. — Brigitte. — Diverses.— 13 pièces lith. par *Delpech*.

789 **LEGUAY**. Les pelotes de neige, lith. par *Engelmann*.

790 **LEHNERT**. Faute de grives on prend des merles. — Tant va la cruche à l'eau, qu'à la fin .. 2 lith. par *Bichebois*.

791 **LENFANT**. La toilette du petit frère, lith. par *Regnier, Bettanier, Morlon*.

792 **LŒILLOT**. Recueil de 16 sujets grecs, lith. par *Bove*.

793 **LOYER**. (A^le^). Retour du Conscrit, lith. par *Ligny*.

794 **MADOU**. Recueil de 15 lith. : Scènes de famille, scènes champêtres, etc. etc.

795 **MAURIN** (N.). Non ! Je ne veux pas me reposer. — Je puis tout chasser sur mes terres. — Ernest, soyez sage. — La nuit. — 4 pièces lith. par *Lemercier*.

796 — 10 grands sujets de genre.

797 **MEYNIER**. Jeune fille grecque, lith. par *Noël*.

798 **MOURLAN**. Hébé, lith. par *Teillet*.

799 **MULLER**. Le Petit ramoneur.

800 **MONNIER**. (Henry). 20 planches coloriées extraites de ses albums.

801 — Impressions de voyage et autre sujets 8 lith.

802 **NANTEUIL** (Célestin). 21 lith. et 2 frontispices gravés à l'eau-forte pour Marie d'Angleterre et le Monde dramatique. Ensemble 23 pièces dont q.ques-unes venues de *L'Artiste*.

803 **NOUVIAIRE**. Baigneuse pendant le bain et après le bain. 2 lith. par *Le Scard de Beauregard*.

804 **PAGNIÈRE** (V^e^). Jeune personne calquant une fleur, lith. par *Villain* sur chine.

805 **PETIT** (Victor). Vues des châteaux et monuments des 14e au 17° siècles. 21 pl. lith.

806 — Le retour de la meute. 1 lith.

807 **PHILIPON** (Ch.).

    1° 22 lith. coloriées. | 2° 20 lith. de caricatures.

808 **PIGAL**. Scheffer, etc., etc. 24 lith. coloriées, extraites des mœurs parisiennes, des scènes populaires, des scènes de société, etc., etc.

809 **PLASSAN**. Le Déjeuner. — La Jeune mère. 2 lith. par *Sirouy* et *Lami*.

810 **PRUD'HON.** 12 motifs lith. par *Boilly*.

811 — Le Triomphe de Vénus. — Les Vendanges. 2 lith. par *Aubry Lecomte*.

812 **RAFFET.** Scènes militaires et autres. 29 pièces lithographiées.

813 **RIOULT.** Deux baigneuses, lith. par *Sudre*. — Le Frère blessé, lith. par *Midy*. 2 gr. planches.

814 **ROBILLARD.** Les Enfants d'Edouard, lith. par le même.

815 **ROEHN.** Le chameau, lith. par *Engelmann*.

816 **ROEHN** (Fils). La jeune mère, lith. par *A. Maurin*.

817 **ROQUEPLAN** (C.). La Procession. — La Récompense. 2 lith.

818 — 12 lith. dont 4 extraites de l'*Artiste* et 4 grands sujets tirés de *Walter Scott*.

819 **ROUX.** Jeunesse de Linné, lith. par *Desmaisons*.

820 **SALOMON** (J. L.). Echo. — Iris. 2 lith.

821 **SCHEFFER** (A.). La déclaration. — Si jeune. — Le Lever. — Après. — La jeune Mère. — Autres pièces. — 7 lith.

822 **SCHEFFER** (J). Caricatures. 17 planches.

823 **STAAL** (G.). Le Cabaret, lith. par *Villain*.

824 **SUDRE.** Elle ne lui a jamais parlé de son amour, lith. par *Gaugain*.

825 **SWEBACH.** (Ed.). Fastes des habitants de Paris. Album de 12 lith.

826 **TASSAERT.** Caroline, lith. par *Delaunois*.

827 — 7 lith. de *Lemercier* extraites de l'Album périodique.

828 **THOMAS.** 5 lith. de *Villain* coloriées, scènes espagnoles.

829 **TRAVIÈS** (C. J.). Son portrait par lui-même et 4 grandes lithographies.

830 — 16 Caricatures dont 5 coloriées.

831 **VALLON DE VILLENEUVE.** Le bouquet de la Mariée. — Le Mardi gras. — La Danse au Village. — Le Bonnet de la Grand'Mère. — L'Intrigue. — Suite de 5 pièces.

832 — La Déclaration. — C'est des bêtises d'aimer comme ça. — Comme je suis à Paris. — Comme j'étais au village. — 4 lith.

833 — Le Ruisseau. — La Fontaine. — Jeunes filles effrayées. — La Petite Marchande. — 3 lith.

834 **VERNET** (Horace). Scènes Militaires. 23 lith. de tous formats.

835 — Scènes de Chasse. 12 lith. de tous formats

833 — Scènes variées. 37 lith. de tous formats.

837 **VERNET** (Carle). Chevaux en tous genres. — Etudes. Lith. par *Delpech* et *Engelmann*. 38 planches en feuilles, 8 collées sur carton.

838 — Les soins maternels. — Les chiens savants. — Les chiens en défaut. — Le cerf à l'eau. 4 lith. par *Delpech* et *Engelmann*.

839 **VILLENEUVE.** Vues dessinées d'après nature par *Villeneuve*, publiées et lithographiées par *Delpech* et *Engelmann*. Vues de France et de Suisse. 60 pièces.

840 **WEBER.** La toilette, lith. par *Engelmann*.

841 **YVON** (A.). Episode de Russie, lith. par *Soulange*.

II. Architecture, archéologie, caricatures, costumes, paysages, etc.

842 **ANIMAUX** : *Adam, Géricault, Rosa Bonheur, Verlat,* etc., etc. 50 planches.

843 **ARCHÉOLOGIE** : Bas-reliefs, chapitaux, entablements, fragments de sculptures, par *Allaux, Fragonard, Guillemot, Gué,* lithographiés par *Engelmann.* 38 planches gr. in-fol.

844 **ARBRES** et arbustes. Etudes lith. par *Boisseau, Duplat, Rémond, Villeneuve.* 44 planches.

845 **CARICATURES** politiques (1830) et militaires. Collection de 44 lith.

846 **CARICATURES** lithographiées coloriées :

1 Bellangé. Grenier. Henry. Martinet. Robillard. Vallou. Vérier. Wattier.
2 Album Comique. En Carnaval. Galerie physiologique. Musée des Dames. Paris qui danse. 90 pl. de tous formats.

847 **CARICATURES.** Charges, Portraits-charges etc., etc., extraits du Charivari, des Esquisses parisiennes, du Miroir Drolatique, du Panthéon Charivarique, etc. etc., par *Bouchot, Brasseur, Barincou, Bourdet, Benjamin, Carjat, Jaime, Lemoine, Lorentz, Mennt, Plattel, Poitevin, Provost, Platier, Ramelet* (1822 à 1842). 57 lithog.

848 **CHEVAUX** et voitures. 15 lithographies de tous formats.

849 **COIFFURES** de Noirot : cheveux, fleurs et parures. 30 lith. impr. par *Lemercier.*

850 **COSTUMES** français. 50 pl. lith. coloriées de tous formats extraites de publications.

851 — 23 pl. lith. de tous formats extraites de publications.

852 **COSTUMES** de Théâtre. 48 lith. col. extraites pour la plupart de publications périodiques : Galerie dramatique. Musée de Costumes. Revue du Théâtre.

853 — 135 lith. extraites pour la plupart de publications périodiques : Galerie Dramatique, Musée de Costumes, Galerie de Costumes, etc., etc.

854 **COSTUMES** militaires français et étrangers. 45 planches gravées et lithog. coloriées.

855 **COSTUMES** militaires français et étrangers. 24 planches gravées et lith. noires.

856 **COSTUMES** militaires. Suite de 38 pl. gravées sur bois de *Panquet, Lami,* etc., etc., extraites des Français peints par eux-mêmes.

857 **COSTUMES** étrangers (Italie).

1° Duché de Gênes. 27 pl.
2° Royaume de Sardaigne. 25 pl.
3° Royaume des Deux Siciles. 24 pl.
4° Gr. Duché de Toscane. 22 pl.
5° Costumes civils et militaires de Toscane. 7 pl.
Ensemble 105 pl. coloriées.

858 — 24 lith. coloriées extraites de publications périodiques : Galerie des Costumes, Nouveaux travestissements, etc., etc.

859 — 58 lith. extraites des grandes publications de voyages, etc., etc.

860 **COURS** d'ornemens, lith. par *Plantar* et *Jules Peyre,* et autres sujets lithographiés. 16 planches.

861 **ETUDES** lithographiées.

1° Auzou. 2 pl.
2° Charlet. 1 pl.
3° David. 1 pl.
4° Dubufe. 3 pl.
5° Fragonard. 3 pl.
6° Gigoux. 2 pl.
7° Girodet-Trioson. 5 pl.
8° Julien. 12 pl.
9° Numa. 2 pl.
10° Parizeau. 2 pl.
11° Planat. 2 pl.
12° Vigneron. 1 pl.
13° Divers. 10 pl.

862 **ETUDES** gravées et lith. d'animaux. 22 planches de tous formats.

863 **L'ARTISTE**. Lith. en tous genres extraites de l'*Artiste*. 50 planches.

864 — Lith. en tous genres extraites de l'*Artiste*. 50 planches.

865 — Lith. en tous genres extraites de l'*Artiste*. 50 planches.

866 — Lith. en tous genres extraites de l'*Artiste*. 50 planches.

867 **MARINE**. Sujets lithographiés. *Cuvillier*. — *Gudin*. — *Isabey*. — *Perrot*. etc., etc. 25 pl. de tous formats.

868 — Hullmandel's, lith. *Drawing Book*. Alb. de 4 pl.

869 **MONUMENTS** anciens et modernes, Ruines archéologiques, Vues, etc., etc., environ 750 pièces classées par régions et extraites pour la plupart de grandes collections lithographiques par *Taylor* et *Nodier* dans leurs voyages pittoresques et romantiques de l'Ancienne France ou autres publications similaires. Lithog. par *V. Adam, Althalin, Bourgeois, Dauzats, Fragonard, Leprince, Rémond, Roqueplan, Villeneuve*, etc., etc.

1 Guyenne et Gascogne. 16 pièces.
2 Béarn Pyrénées. Pays Basque. 9 pièces.
3 Périgord, Quercy. Rouergue, 2 pièces.
4 Lyonnais, Languedoc, Roussillon, Comté de Foix. 37 pièces.
5 Poitou, Aunis, Saintonge, Angoumois. 41 pièces.
6 Normandie, Maine, Anjou, Bretagne, 179 pièces.
7 Touraine, Orléanais, Berry, Nivernais, Bourbonnais, Auvergne, Marche. Limousin, 125 pièces.
8 Flandre, Artois, Picardie, 28 pièces.
9 Champagne, Alsace-Lorraine, Franche-Comté, Bourgogne, 68 pièces.
10 Savoie, Dauphiné, Provence, Nice, 85 pièc.
11 Paris, Ile de France. 199 pièces.
12 Corse, Algérie, Colonies. 6 pièces.

870 **MONUMENTS** anciens et modernes, Ruines archéologiques, Vues, etc., etc. Environ 400 pièces classées par pays étrangers, extraites pour la plupart de grandes collections lithographiques.

1 Allemagne. 40 pièces.
2 Belgique. 13 pièces.
3 Espagne. 59 pièces.
4 Grèce. 3 pièces.
5 Iles Britanniques. 39 pièces.
6 Italie. 150 pièces.
7 Russie. 10 pièces.
8 Suisse. 25 pièces.
9 Afrique. 15 pièces.
10 Asie. 11 pièces.
11 Amérique. 19 pièces.
12 Océanie. 3 pièces.

871 **MUSÉE-ROYAL**. Lithographies par *Bourdon, Franquinet, Maurin, Villain*, d'après les tableaux de *Raphaël, Tintoret, Rubens, Prud'hon, Le Brun, Velasquez, Léonard de Vincy*, 14 pièces.

872 **TAUROMACHIE**, lithographie par *Lalaisse*.

873 **VUES** diverses, lith. et coloriées, extraites pour la plupart de publications françaises et étrangères. 40 pièces.

PORTRAITS

I. Portraits gravés.

874 **PORTRAITS** anciens, in-4 et in-folio.

1 Acbolikan 1er. en pied col.
2 Aldrovandi (Ulisse).
3 Amédée II, dess. par *Lange*, gr. par *Giffart*.
4 Anonymes. 9 portraits.
5 Anton (B.).
6 Aranda (Comte d').
7 Arnauld (Angélique), dess. par *Ph. Champaigne*.
8 Arnoud IIIe, comte de Hollande.
9 Augereau, gr. par *Ruotte*.
10 Baillet (Adrien), gr. par *Edelinck*.
11 Ballin (Claude), gr. par *Lubin*.
12 Balzac (Guez de), gr. par *Lubin*.

13 Bayle, gr.par *Petit*.
14 Belidor (Bernard), peint par *Vigée*, gr. par *Will*.
15 Bender (Christophe).
16 Benserade (Isaac de), gr. par *Edelinck*.
17 Benoît XIII.
18 Beroldus Subaudiæ maurianœque Comes.
19 Berthier (Général), par *Desruis*, gr. par *Ruotte*.
20 — en pied par *Rose*, gr. par *Payen*.
21 Beurnonville (Pierre), Maréchal et Pair de France.
22 — en pied, peint par *Hilaire Le Dru*, gr. par *Gautier*.
23 Bignon, peint par *De la Roue*, gr. par *Edelinck*.
24 Bignon (Armand-Jérôme), peint par *Drouais*, gr. par *de Launay*.
25 Blanchard (Jacques), gr. par *Edelinck*.
26 Boigne (Comte de), par *Amb. Tardieu*.
27 Bombast (Philippe Théophraste), peint par *Tintoret*.
28 Boniface (Hyacinthe), gr. par *Noblin*.
29 Bossuet, peint par *Rigaud*, gravé par *Petit*.
30 Bouchardon (Ed.), peint par *Drouais*, gr. par *Beauvarlet*.
31 Boucher (François) par *Cochin*, gr. par *Cars*.
32 — peint par *Roslin*, gr. par *Bosse*.
33 Boucherot, chancelier de France, par *Thomassin*.
34 Bourbon d'Anghien, peint par *Mignard*, gr. par *L. Mar*.
35 Bracherius (Comes Johannes).
36 Brunet de Neuilly (J. F. A.).
37 Bruté (J.), peint par *Cochin*, gr. par *Meliny*.
38 Bucer, par *Werff*, gr. par *Valk*.
39 Burchius (D. Jacobus Vander).
40 Cagliostro (Comtesse de).
41 Camoens. Eau-forte non terminée.
42 Cano (Alonso).
43 Carrache (Annibal).
44 Castlehaven Comitissa (Elisabeth), par *Van Dick*.
45 Castelnau (Michel de), Mareschal de France.
46 — peint par *Nanteuil*.
47 Catellan (Jean de), gr. par *Thomassin*.
48 Catinat, gr. par *Vangelisty*.
49 Caylus (Comte de), par de *Lorraine*.
50 Chapt de Rastignac (Louis Jacob de), grav. par *Daullé*.
51 Charles-Quint, par *Van Dyck*, gr. par *Guttenberg*.
52 Charondas Le Caron (Louis).
53 Choiseul (Etienne François duc de), dess. et gr. par *De Launay*.
54 Christianus Ludovicus Liber Baro à Loewenstern,
55 Clermont (Claude Catherine de), peint par *Pesay-Duflos*.
56 Clisson (Olivier de), peint par *Hallé*, gr. par *Loir*.
57 Cochin (Henry).
58 Cochin le fils, dessiné par lui-même, gravé par *Daullé*.
59 Colbert (J.-B.), colorié, peint par *Sergent*, gr. par *Ridé*.
60 — peint par *Le Febvre*, gr. par *Audran*.
61 Combesis (François), gr. par *Lubin*.
62 Carolus S. R. I. Comes ab Osten dict Sacken.
63 Conrart (Valentin), peint par *Le Feure*, gr. par *Cossin*.
64 Cosnac (Daniel de), gr. par *Boulanger*.
65 Courpon (Général), dessiné par *Pierre*, bistre.
66 Coypel (Noël), gravé par *Audran*.
67 Coyzevox (Antoine), peint par *Rigaud*, gravé par *Audran*.
68 Cujacius (Jacobus).
69 D'Aguesseau, peint par *Tournière*, gravé par *Maleuvre*.
70 — peint par *Vivien*, gravé par *Daullé*.
71 D'Alembert, par *Cochin*, gr. par *Watelet*.
72 — par *Pujos*, gr. par *Maleuvre*.
73 David (L.), par *Navez*, gr.par *Potrelle*.
75 Decormis (Franciscus), d'*Armulphy*, gr. par *Vanloo*.
76 Delomenie de Brienne (Et. Ch.), en pied colorié.
77 Delpech (Jean) par *Largillière*, gr.par *Petit*.
78 Dereal (G.), seigneur de Curban.
79 Desmares (Charlotte), gr. par *Lepicié*.
80 Diderot par *Vanloo*, gravé par *David*.
81 Dubois (Cardinal).
82 Du Chastelet (M*) par *Monnet*, gr. par *Lempereur*.
83 Du Fresne. gr. par *Giffart*.
84 Du Guesclin (B.), par *N. Thomas*.
85 Du Perron, par *Edelinck*.
86 Du Perron, par *Herbin*.
87 Dupleix (Scipion).
88 Du Puy (Pierre), gr. par *Lubin*.
89 Edelinck (Gérard), peint par *Tortebat*.
90 Espeisses (Antoine d').
91 Eudes (Jean), peint par *Le Blond*, gr. par *Drevet*.
92 Feuret (Ch.), gr. par *Le Brun*.
93 Fleury (Cardinal de).
94 Flipart (Jean Jacques), dessiné et gravé par *Ingouf*.
95 Frank (Jérôme).
96 Frédéric, par *Albrier*, gr. par *Huet*.
97 Furetière (Ant.), par *De Sève*, gr. par *Edelinck*.
98 — par *Bouchet*.
99 Furgole (Jean-Baptiste).
100 Foix (Gaston de), par *de Champaigne*, gr. par *Guibert*.
101 Georges, Prince royal de Danemarck.
102 Grævius (Joannis Georgius).

103 Giannone (Pierre).
104 Gilbert de Voysins, peint par *Dupless-is*.
105 Gioanna Giuseppa (Marie-Thérèse).
106 Girolamo (Lorenzo di).
107 Gluck (Christophe) par *Duplessis*, gr. par *Miger*.
108 Gontault (Armand de), par *Sergent*, col.
109 Grafigny (M° de), **gr.** par *Levesque*.
110 Gondy (Charles de).
111 — (Cardinal de)
112 — (Jean François).
113 — (Charles de), Fils d'Antoine.
114 — (Albert de).
115 — (Antoine de).
116 — (Henry de).
117 — (Pierre de).
118 — (Catherine de), peints par A. Pezay, grav. par Duflos.
119 Gramont (Le Maréchal), gr. par *Edeclinck*.
120 — peint par *Vaillant*, gr. par *Lombart*.
121 Grétry (A. E. M.), peint par *Le Brun*, gr. par *Cathelin*.
122 Grouchy, en pied, par *Aubry*, gr. par *Charon*.
123 Guzman el Bueno (Alphonso Perez de).
124 Hachette Des Portes, peint par *Maupe-rin*, gr. par *Bradel*.
125 Hans Sloane.
126 Hanselmannus (Christianus Ernestus).
127 Haren (Guillaume Van), peint par *Ab-bema*.
128 Hassan Pacha, peint par *Cassas*, gr par *Miger*.
129 Hebert, peint par *Du Mée*, gr. par *Tho massin*.
130 Helvétius peint par *Vanloo*, gr. par *St-Aubin*.
131 Hélyot (Madame), peint par *Galliot*, gr. par *Edelinck*.
132 Henault (Président).
133 Hoche, en pied, gr. par *Lefèvre*.
134 Hoffmann (Gottfrid Daniel).
135 Holberg (Louis).
136 Humières (Le Maréchal de).
137 Hundertmark Carolus Fredericus.
138 Hubertus Jaillot (Alexius).
139 Ittigius (Thomas).
140 Jean Bart, gr. par *Tardieu*.
141 Joseph Christophe, peint par *Drouais*, gr. par *Surugue*.
142 Justinianus (3 portraits).
143 Ketelhodt (Christianus Ulricus).
144 La Chambre (M. de).
145 La Condamine (de) par *Cochin*, gr. par *Choffard*.
146 La Fages (M. le Baron de).
147 La Fontaine, peint par *Rigault*.
148 La Harpe (J. E. de), peint par *Pujos* gr. par *Huet*.
149 La Vie (A. L. de) par *Cochin*, gr. de *La Live*.
150 Lamoignon (Guillemus de).
151 La Motte (Le Comte de).

152 La Roche Foucault (de), gr. par *Bachelier*
153 La Tour (Mademoiselle de).
154 Laval (Guil. André, comte de), gr. par *Duflos*.
155 Lavallette (Le comte de).
156 Le Brun (Ch.), gr. par *Lubin*.
157 Le Couvreur (Adrienne), peint par *Coypel*, gr. par *Drevet*.
158 Lemery (Nicolaus), gr. par *Pitau*.
159 Lemoine Le Fils (J. B.), par *Cochin*, gr. par *Dupuis*.
160 Lenfant (Jacques) peint par *Peine*, gr. par *B. Picart*.
161 — Epreuve avant lettre.
162 Le Peletier (Claude).
163 Le Prestre (Claude).
164 Leszczinski (St.), peint par *Lunebourg*, gr. par *Moitte*.
165 L'Hospital (Guil. François, marquis de).
166 Liberti (Henricus) peint par *van Dyck*.
167 L'Inconnu (frontispice des œuvres de) par *Humbelot*.
168 Locke (Jean).
169 Loret (Jean) par *Carentan*, d'après *Nan-teuil*.
170 Loudon (Gédéon, Baron de) par *Gilles Tardieu*.
171 Louis (Ant.) par *Chardin*, gr. par *Miger*.
172 Ludovica Ulrica, gr. par *Guillard*.
173 Ludovicus Augustus, par *De Troy*, gr. par *Drevet*.
174 Luxembourg (Le Maréchal de), par *Rigaud*.
175 Macaulay (M.), par *Bonnieu*, gr. par *Hubert*.
176 Mahomet Durveskan, en pied colorié.
177 Mairan (de), gr. par *Ingouf*.
178 Malesherbes (de).
179 Malier (Français, par *Le Maire*, gr. par *Grignan*.
180 Maransin (Le Baron), Lieut. Général.
181 Marat (J. P.), gravé par *l'érité*.
182 Marca (Pierre de), d'après *Van Loo*.
183 Marivaux, gravé par *Miger*.
184 Massé (J. B.) par *Cochin Le Fils*.
185 Massillon.
186 Masson (Papin).
187 Maximilien Joseph, roi de Bavière.
188 Mazarin (Cardinal), par *Ph. de Cham-paigne*.
189 Melchior, Cardin. de Polignac, par *Belle*.
190 Mesmes (Jean Antoine de), peint par *Nanteuil*.
191 Metastase.
192 Molière, peint par *Bourdon*, grav. par *Beauvarlet*.
193 Monck (G.).
194 Moncrif (de), peint par *De La Tour*, gr. de *Cathelin*.
195 Mongin (Edme), évêque de Bazas, gr. par *Petit*.
196 Montluc (Bl. de) en pied, sujets en en-cadrement.
197 Monmouth (Le Duc de).

198 Monnier, Général de Division, par *Le Barbier et Bourgin*.
199 Montaigne, en couleur, gravé par *Alix*.
200 — par *Marillier*, gravé par *Voyer*.
201 Montesquieu, en couleur, gravé par *Alix*.
202 — par *Marillier*, gravé par *Voyer*.
203 Montmorency (Mathieu dit le grand, Seigneur de), colorié.
204 — (François Henry de).
205 Moreau (Victor).
206 Moreau (Marie), Dame de Sancy.
207 Moreri, par de *Troye*, gr. par *Edelink*.
208 Mouton, d'après *Edelink*.
209 Murat (Le Prince) à cheval, colorié.
210 Nelson (Amiral Lord).
211 Nemours (Marie Duchesse de), d'après *Rigaud*.
212 Noailles (Le Cardinal de).
213 Olivet (l'abbé d'), d'après *Restout Le Vasseur*.
214 Orléans (Jean d'), comte de Dunois et de Longueville
215 Pannard, par *Boncerai*, grav. par *Miger*.
216 Paracousi Rex Plattœ, par *Haid*.
217 Parre (Catherine).
218 Paschasius (Steph).
219 Paul 1er, peint par *Veille*, gravé par *Klauber*.
220 Pelissier (Mademoiselle), d'après *Drouais*, gravé par *Daullé*.
221 Pelisson (Paul), gr. par *Edelinck*.
222 Perrault d'Ablancourt.
223 Ponchartrain (de), gr. par *Edelinck*.
224 Philippe II. roi d'Espagne.
225 Piccini (Nic.), peint par *Robineau-Cathelin*
226 Pichegru (Hilaire Coquerel), en pied.
227 Pie VII à genoux, colorié.
228 Pâris (Diacre).
228 bis Pesne (Antoine), grav. p. *Valperga*.
229 Pierre Vive (Marie Catherine de).
229 bis Poussin (Le), gravé par *Audran*.
230 Pothier (Robert Joseph).
231 Piles (Rogerius de), par *B. Picart*.
232 Pins (Roger de), par *Cars*.
233 Poisson, Marquis de Marigny, d'après *Torqué*.
233 bis Portrait de vieille femme de Wille fils, gravé par *Valperga*.
234 Prévost (Antoine François).
235 Quinault (Ph.), gr. par *Edelinck*.
236 Rabelais.
237 Rabutin (Roger de), d'après Le Fébure.
238 Racine (Jean de).
239 Racine (Louis), d'après *Aved*.
240 Rapin de Thoyras.
241 Raviot, d'après *Revel*, gr. par *Antoine*.
242 Regnauldin (Cl.).
243 Restout (J.), gr. par *Levasseur*.
244 Richelieu (Cardinal de), d'après *Nanteuil*.
245 Richelieu en pied, par *H. David*.

246 Richelieu (Le Maréchal), d'après *Gault de St Germain*.
247 Rigaud (Hyacinte), gr. par *Daullé*.
247 bis — gravé par *Drevet*.
248 Ripamonti (Joseph).
249 Robert Henry.
250 Robert Le Lorrain, peint par *Drouais*.
251 Roettiers (Joseph Charles), d'après *Cochin*, gr. par *St-Aubin*.
252 Roettiers (Jacques), d'après *Cochin*, gr. par *St-Aubin*.
253 Rohan Gueméné (Louis-René-Edouard Prince de).
254 Rohan (Louis Constantin, Prince de).
255 Rollin, d'après *Coypel*.
256 Pedro Sacanelles.
257 Saboya (Francisca Marie Izabel de).
258 Saint Remy de Valois (Jeanne de).
259 Saunderson (Nicolas).
260 Savary (Jacob) d'après *Coypel*, gr. par *Edelinck*.
261 Scaliger (Joseph) gr. par *Edelinck*.
262 Scepeaulx (Jeanne de), par *Pezay*, gr. par *Duflos*.
263 Secousse (François Robert), d'après *Rigault*.
264 Segur (Jean Charles de).
265 Seine (Catherine de), peint par *Aved*, gr. par *Lépicié*.
266 Servandoni.
267 Silly (Françoise Marguerite de), par *Pezey*, gr. par *Duflos*.
268 Slodtz. Michel Ange, d'après *Cochin*, grav. par *Cars*.
269 Solari di Torino (conte Cesare).
270 Solimmanus Turcarum imperator (*Haid*).
271 Sophie Dorothée de Brunswick-Lunebourg.
272 Sparrman.
273 Sponde (Henri de), gr. par *Lubin*.
274 Stemler (J. Christian).
275 Talon (Denis).
276 Tavernier (J. B.).
277 Taylor (Jérémie).
278 Texier Olivier, des. par *Albert*, gr. par *Crossas*.
279 Thuanus (Jac. Aug.).
280 Tintoret, grav. par *Delaistre*.
281 Tofaninis (Columba de).
282 Tourville (Le Maréchal de).
283 Trenk (Frédéric, Baron de) en pied colorié.
284 Trichet Dufresne (Raphael).
285 Troy (Jean François de).
286 Trudaine (J. Ch. Ph.), d'après *Cochin*, gr. par *St-Aubin*.
287 Vanloo (Carle), gr. par *Miger*.
288 Vauban (Le Maréchal de).
289 — d'après *Rigaud*, gr. par *Bertonnier*.
290 Vélazquez.
291 Vendôme (César de Bourbon, duc de), peint par *Mignard*.
292 Villeroy (archevêque de Lyon) d'après *Grandon*, gr. par *Cars*.

293 Villeroy (Le maréchal de).
294 Vincent de Paul, gr. par *Edelinck*.
295 Voltaire (Arouet de), gr. par *Henriquez*
295 *bis* Vigée Le Brun, gr. par *Muller*.
296 Wieland (M.), d'après *Heinsius*.

875 PORTRAITS anciens, in-12 et in-8.

1 Agatha Castillionea uxor Claudii Domini de Marolles.
2 Albouy-Dazincourt (Joseph. J. B.).
3 Alexandre VII.
5 Algernon Sidney.
6 Anonymes (13 portraits variés).
7 Argens (Marquis d').
8 Argenson (M. d').
9 Argental (Le Comte d').
10 Armenonville (M. d'.)
11 Arpinas (Joseph César).
12 Austriacus (Joannes).
13 Arnaud d'Aux.
14 Bacot (G. J. G.)
15 Baïf (Antoine de), d'après *Gaucher*.
16 Baillet (Adrien), gr. par *Edelinck*.
17 Balsamo Joseph, comte de Cagliostro.
18 Bayle, gr. par *Michel*.
19 Bertault (Josias).
20 Bernières (Jean de).
21 Bernegaud de Grange (Jean Louis).
22 Bernouille (Jean).
23 Bertin (Henri Leonard J. B.)
24 Bèze (Th. de), gr. par *Ficquet*.
25 Bignon (Jean Paul).
26 Bitaubé (P. J.)
27 Bolingbroke (Lord).
28 Bonatus Ferrarrien Barbieri.
29 Borromœus (Federicus).
30 Bossuet, de Rigault, gr. par *de Longueil*.
31 Bourdaloue, d'après *Jouvenet*.
32 Bourdon Henry Marie.
33 Bourbon (Ch. de), card. archev. de Rouen.
34 Bourgelat (C.).
35 Brotbeccius.
36 Bruiart (Nicolas).
37 Buchan.
38 Calderon de La Barca (Pierre).
39 Camden (Charles Earl).
40 Carlos (D.), Infant d'Espagne.
41 Carolinus.
42 Carolus.
43 Castelnau (Michel de), Seigneur de Mauvissière
44 Cervantes de Saavedra.
45 — d'après *Queverdo*, gr. par *Gaucher*.
46 Charles V empereur et roi d'Espagne.
48 Charles, duc d'Orléans, gr. par *Gaucher*.
49 Charles XII.
50 Charlotte Augusta Mathilda.
51 Charron Pierre, gr. par *de Launay*.
52 Chastenet (Jacques de).
53 Chicoyneau (Fr.), d'après *Le Sueur*.
54 Chubb (Thomas).
55 Cisternay du Fay (Charles Jérôme de).

56 Clément Marot, d'après *Holbein*.
57 — d'après *Carlone*, gravé par *Duflos*.
58 Colbert (J. B.)
59 Condé (L. de Bourbon, prince de).
60 Cook (Capt James).
61 Corneille (Th.), d'après *Mignard*.
62 — d'après *Le Brun*, gr. par *Gaucher*.
63 Corneille (Pierre) d'après *Cars*.
64 Crébillon, d'après *La Tour*, gr. par *Cathelin*.
65 Crillon (Le Brave).
66 D'Alembert, d'après *Pujos*, gr. par *Dupin*.
67 D'Argentré (Bertr.).
68 Daun (Léopold, comte de).
69 Déon de Beaumont (Geneviève).
70 Desessarts.
71 Diderot (D.).
72 Dionis (Petrus).
73 Du Barry (Madame la Comtesse).
74 Du Bellay (Joachim), d'après *Gaucher*.
75 Du Bois (Cardinal).
76 Duclos (Charles), d'après *Cochin*, gr. par *Delvaux*.
77 Duguay-Trouin.
78 Du Guesclin.
79 Elisabeth Charlotte, palatine du Rhin, Duchesse d'Orléans.
80 Escorailles (Marie Angelio d'), duchesse de Fontange.
81 Estaing (Charles Henri, Comte d').
82 Estrées (Gabrielle d').
83 Feu (François).
84 Flavacourt (Marquise de).
85 Fléchier, d'après *Rigaud*, gr. par *Duflos*.
86 Fleury (Claude), d'après *Gobert*, gr. par *Duflos*.
87 Foix (François Pierre Cardinal de).
88 Fouquet (Nicolas).
89 Frederik Guillaume, roi de Prusse, gr. par *B. Picart*.
90 Frédéric Le Grand.
91 Freyherr (Joh. Adrian).
92 Galeatius Galeatii.
93 Genlis (Madame de).
94 Goldsmith (Oliver).
95 Grotius (Hugo).
96 Gibbon (Edward).
97 Gontaut de Biron (Armand de).
98 — Pair et Mareschal de France.
99 — Duc de Biron.
100 Gray (d'Onnoosle).
101 Guérin de Tencin (Claudimi Alexandr.)
102 Gustave III. Roi de Suède, dessiné et gravé par *Dufraine*.

103 Hancock (Le célèbre).
104 Hervey (James).
105 Holbein (Jean). Coll. Odieuvre.
106 Hudde (Joannes).
107 Hüe (Armand Thomas) de Miromenil.
108 Jacobus primus.
109 Jacques III d'Angleterre.
111 Jeanne d'Arc, de *Léonard Gaultier*.
112 Joseph II, Empereur et Roi ; in-8.
113 — — in-4.
114 Joyeuse (Anne Duc de), Pair, amiral et maréchal de France.
115 La Chaize, confesseur du roi Louis XV.
116 La Martinière (de).
117 La Porte (Charles de), Seigneur de La Melleraye.
118 La Trémoille (Le Duc de), maréchal de France.
119 La Valette (Bernard de).
120 La Vergne (de), comte de Tressan.
121 Law (Jean).
122 Law (Madame).
123 Le Camus, député de Paris.
124 Le Cat (Claude Nicolas), peint par *Thomiers*.
125 Leguet d'Esigny d'Olisva (Mlle).
126 Leibnitz (G. G.).
127 Le Jeune, dessiné par *Dumont*.
128 Léopold I".
129 Le Tellier, marquis de Montmirail.
130 L'Hospital (Michel de), gr. par *Tilliard*.
131 Llorente (D. Juan Antonio).
132 Locke (Johannes).
133 Lorraine (Henry Prince de), par *Th. de Leu*.
134 Lorraine (Charles Cardinal de).
135 Los Rios (François de), Libraire à Lyon, 1728.
136 Louise Marie de France, d'après *Quéverdo*.
137 Luillier-Chapelle, d'après *Le Brun*.
138 Machiavel (Nicolas).
139 Mailly (Madame de), d'après *Masquelier*.
141 Maintenon (Madame de).
142 Malherbe (François de).
143 Mansueld.
144 Maria I".
145 Mariana (El. P. Juan de).
146 Marivaux.
147 Marlborough (Jean Churchil duc de).
148 Marmontel.
149 Martinet Johannes (Florentin).
150 Massieu (Jean).
152 Maximilien Emanuel.
153 Mazarin (Jules), Cardinal.
154 Meleun (Anne de).
155 Mercier (Louis Sébastien), dessiné par *Pujos*.
156 Mirabeau (Comte de).
157 Montluc (Blaise de).
159 Montausier (Duchesse de).
160 Montaigne.
161 Montaigne.

162 Montesquieu.
163 Montesquieu.
164 Montmorenci (François de), Duc de Luxembourg.
165 Morgagnus (J. B.).
166 Muratorius (Louis Antoine).
167 Mureti. Effigies d'après *Ficquet*.
168 Nelson (George).
169 Nicole, d'après *Ph. de Champaigne*, gr. par *Gaucher*.
170 Noailles (Duc de), Maréchal de France.
171 — Louis Antoine, Archevêque de Paris.
172 Nollet (J. A.).
173 Onslow (Arthur).
174 Origny (d') dessiné et gravé par *Letellier*.
175 Ormesson (d').
176 Parsons (M. W.) comedien.
177 Penthièvre (de Bourbon, duc de).
178 Perroneau (J.-B.), par *Nicollet*.
179 Philidor (André Danican).
180 Philippe II.
181 Pierre III.
182 Pilatre de Rozier (François).
183 Piron (Alexis).
184 Pithou (François).
185 Pitt (William), d'après *Binet*.
186 Pie VI.
187 Pie VII.
188 Poncet de la Rivière, comtesse de Carcado.
189 Pompignac, peint par *Hyac. Rigaud*.
190 Provence (Louis Stanislas Xavier de France, comte de).
191 Pufendorf (Samuel).
192 Puteanus (Petrus), par *Nanteuil*.
193 Rabutin (Roger de), comte de Bussy.
194 Racine (Jean), peint par *Santerre*.
195 Ralegh (Walter).
196 Raynal (Guillaume-Thomas-François).
197 Ricard, L' général au présidial de Nismes.
198 Richelieu (Cardinal duc de).
199 Riverius (Lazarus).
200 Robespierre.
201 Rollin (Charles).
202 Rombout Hogerbeetz Ghewesen.
203 Rousseau (J.-J.) (12 portraits variés).
204 Rycke (Pieter de).
205 Sadoletus (Jacob).
206 St-Maure (Ch. de), duc de Montausier.
207 Salazar (Ambrosio de).
208 Sannazarius (Jacobus).
209 Savage.
210 Schneidewinius (J.).
211 Schombeg (Fr de), maréchal de France.
212 Schurman (Anne Marie).
213 Schwaiger (Christoph).
214 Sévigné (Françoise-Marguerite de), comtesse de Grignan.
215 Sévigné (Ch. de).
216 Soissons (Louis de Bourbon, comte de).
217 Sonnini C. S. d'après *Langlois*.
218 Sophie.
219 Sophie Dorothée de Brunswick.

220 Struensée (Jean-Frédéric, comte de).
221 Sully (Béthune, duc de).
222 Tamburinus (Michel Ange).
224 Thou (de).
225 Thuret (Jean), Fusillier.
226 Tourville (Hilarion de Constantin, comte de).
227 Trenck (Frédéric, baron de).
228 Tully.
229 Turenne (Henri de la Tour d'Auvergne, comte de).
230 Turgot, gravé par *Le Beau* d'après *Troy*.
231 Tydichi (Joachim).
232 Van Berckel (Pieter Johan).
233 Van Boisot (Lodewyk).
234 Van Braam (Willem).
235 Van Der Does de Noordwyk.

236 Van Der Laan (Nicolas).
237 Van Effen (Juste).
238 Van Mommeranci (Filips).
239 Van Oostenryk (Margareta).
240 Verien (Nicolas), graveur à Paris.
241 Vilars (Louis-Hector, duc de).
242 Villeroy (maréchal de).
243 Vincent de Paul, gr. par *Hérisset*.
244 Voltaire. 3 portraits différents.
245 Washington, gravé par *Le Roy*.
246 Wentforth (S. Thomas), comte de Strafort.
247 Wepferus (Joh. Jacob).
248 Wilhelmus Henricus.
249 Willem Georges Frédérick, prince d'Orange et Nassau.
250 Worlock.
251 Zamoiski.

876 **SUITES** de portraits. I.

1 **Allemagne.** 17 portraits à médaillon in-4 découpés.
2 **Angleterre.** 295 portraits à médaillon in-8, formant 5 séries, extraits de publications historiques et littéraires.
3 **Antiquité.** 213 portraits découpés formant 5 séries.
4 **Bernard Picart.** 35 portraits historiques in-4.
5 **Boissevin-Daret.** 30 portraits in-4 à médaillon aux armes, avec longue légende historique.
7 **Daumont.** 38 portraits in-8 à médaillon.
6 **Déjabin** (Collection). 8 portraits in-8. Bordeaux, Chapt de Rastignac, François, Lally Tolendal, Mirabeau, Peyruchaud, Poncet Delpech. Terme.
8 **Desrochers** (Collection). 97 portraits historiques in-8.
9 **Histoire générale.** 72 portraits in-12.
10 **Illustres Français.** 3 portraits de *Marillier*, ornementés et gravés par *Ponce*. J. J. Rousseau, Sully, Voltaire.
11 **L'Armessin** (Collection). 70 portraits in-4 à médaillon ornementé aux armes avec notice historique.
12 **Mellan** (Claude). 6 portraits in-4.
13 **Mezeray.** 50 portraits in-fol. extraits de sa Chronologie historique.
14 **Mariette** (Collection). 58 portraits historiques in-fol. en pied.
15 **Montcornet** (Collection). 38 portraits in-4 à médaillon.
16 **Odieuvre** (Collection). 15 portraits historiques in-8 à médaillon.
17 **Portraits** (Grands) gravés.
1 **Guizot** (F), peint par *Delaroche* en 1839, gravé par *Calamata*. Belle épreuve sur chine.
2 **Sand** (G), dessiné et gravé par *Calamata*.
18 **Portraits** en lots de tous formats et de tous genres (240).

19 **RÉVOLUTION.** *Portraits et motifs historiques in-4. Gravure à la manière noire pour le* **Portrait** *par* **Levachez.** Dessins et gravures à l'eau-forte par **Duplessis-Bertaux** pour les motifs historiques.
1 Augereau, Général de Division.
2 Bailly, Député.
3 Bernadotte, Général et Conseiller.
4 Bonnier, Ministre à Rastadt.
5 Brissot, Député de la Convention.
6 Brune, Général.
7 Calonne, Contrôleur des finances
8 Carrier, Député du Cantal.
9 Chalier, Procureur à Lyon.
10 Championnet, Général en chef.
11 Charette, Commandant en Vendée.
12 Charlotte Corday d'Armans.
13 Chaumette, Procureur Syndic.
14 Clootz, Orateur à l'Assemblée.
15 Custine, Député et Général.
16 Danton, Député de Paris.
17 Debry, Ministre à Rastadt.
18 Desaix, Général de Division.
19 Desmoulin (Camille), Député de Paris.
20 Dumouriez, Ministre.
21 Duval d'Epremenil, Député.
22 Fouquier Tainville, Accusateur.
23 Gensonné, député à la Convention.
24 Guadet, Député à la Convention.
25 Henriot, Commandant Général.
26 Herault de Séchelles, Député.
27 Hoche, Général des Armées.
28 Houchard, Général.
29 Joubert, Général en Chef.
30 Jourdan, Général en Chef.
31 Kleber, Général de Division.
32 Lafayette, Commandant de la Garde.
33 Lalli-Tollendal, Député.
34 Lamoignon-Malesherbes, Ministre.
35 Lavoisier, Fermier Général.
36 La Tour d'Auvergne, Premier Grenadier.
37 Luckner, généralissime.

38 Mannel, Procureur de la Commune.
39 Marat, Député de Paris.
40 Marceau (Le Général).
41 Mauri (L'abbé), Député.
42 Mirabeau, Député.
43 Moreau, Général en chef.
44 Necker, Ministre d'Etat.

45 Pétion, Député.
46 Roland (Mme) Marie Jeanne Phelippon.
47 Renaud (Aimée Cécile).
48 Roberjot. Ministre à Rastadt.
49 Robespierre, Député d'Artois.
50 Roland de la Platrière, Ministre.

20 SUITES DE PORTRAITS *gravés et lithographiés. De tous formats.*
1 Fénélon. 14 portraits.
2 La Fontaine 14 portraits.

3 Poussin (Le) 13 portraits.
4 Béranger 10 portraits.
5 Molière 9 portraits.

877 **SUITES** de portraits. II.

1 **Angleterre.** Personnages célèbres, 35 portraits gravés en tous genres et de format in-8.
2 **Alexandro Contardi.** 7 portraits in-4 au pointillé : Maresciallo Blücher. Générale Moreau. Hetman Platow. Il principe C. Schwarzenberg. Conte di Tschernischeff. Lord Wellington. Conto de Wittgenstein.
3 **Artistes** du XVIII° siècle. Petits médaillons de la collection Vignères tirés en bistre. 22 portraits : Boucher, Chardin, Choffard. Cochin. Debucourt. Fragonard. Gaucher, Gillot, Gravelot, Greuze, Latour, De Launay, Marguerite Le Comte, De Marcenay de Guy, Moreau, Prudhon, Regnault, Richard, Abbé de St-Non, St-Aubin, Watelet, Wille.
4 **Assemblée Nationale** 1848. 8 portraits en pied par *Bonhommé* et tirés sur chine. — Députés de 1817. 7 portraits en médaillon. Ensemble 15 portraits.
5 **Blaizot** (Collection) 13 portraits : Barras. Boieldieu. Callot. Chaptal. Chateaubriand. Franklin. V. Hugo. Lamartine. Milton. Montesquiou-Fezensac. Rubens. Suchet. Talleyrand.
6 **Descamps.** La vie des peintres flamands, allemands et hollandais. 1753-64. Tirage à part de 152 portraits en médaillon par *Descamps, Eisen* et *Campion*, gravés par *Ficquet, Gaillard, Legrand, Aubert, Benoist, Basan.*
7 **Divers.** Sous ce numéro, 374 portraits classés autant que possible par catégorie.
1° 35 portraits au trait, in-8.
2° 44 portraits à médaillon, in-8.
3° 49 portraits à médaillon, in-8, encadrés de la collection Ménard.
4° 12 portraits ornementés in-8, classiques.
5° 131 portraits in-8 en 6 séries.
6° 103 portraits de tous formats en 7 séries.

8 **Druck u. Verlag vom Bibliographis-chen Institut zu Hildburghausen.** Série de 95 portraits in-8, Français et Etrangers, très finement gravés.
1° Femmes illustres, 11 portraits.
2° Généraux, Maréchaux, etc. 36 portraits.
3° Personnages illustres dans la politique, la littérature. 48 portraits.

9 **Dumontier.** 33 portraits in-8, gravés par *Gaulier, Hubert*, etc., en ovale encadré.
10 **Ecole Flamande.** 40 petits portraits gravés.
11 **Femmes célèbres.** 14 grands portraits gravés : Ninon de Lenclos. Vigée Le Brun. Anne de Fumel. Maria Isabel Francisca de Braganza, reyna de Espana y de las Indias. Madame de La Vallière après avoir pris le voile. Mlle Lundens Maîtresse de Rubens. Mlle Duchenois. Madame de La Vallière. Madame de Sévigné. Adélaïde Ristori, etc., etc.
12 — 4 grands portraits doubles des précédents.
13 **Femmes célèbres.** 97 portraits in-8, classés en cinq séries.
14 **France Maritime.** 8 portraits d'Amiraux et Vice-Amiraux, avec motifs de marine.
15 **Galerie de la Gazette musicale.** N° 1 Violons célèbres. N° 2 Compositeurs dramatiques modernes. 2 grandes lithographies de *Maurin*.
16 **Galerie des Contemporains illustres.** 45 petits portraits de la collection.
17 **Généraux, Grands Capitaines, Maréchaux, Amiraux,** etc., etc. 54 portraits en pied en 3 séries.
18 — de Napoléon Ier. 76 petits portraits ovales, encadrés.
19 — des 1er et 2° Empires. 74 portraits in-8 en 3 séries.
20 **Histoire de France.** 2 séries de petits portraits.
1° 47 au trait. — 2° 13 avec notice historique.
21 **L'Artiste.** Portraits d'hommes, gravés : Auber. — Emile Augier. — de Balzac. — Béranger. — Berlioz. — Cousin. — Dante. — Félicien David. — Delacroix. — Th. Gautier. — Gérard de Nerval. — Ingres. — J. Janin. — de Morny. — Regnier. — Renté. — Rossini. — Rouvière de Sacy. — Verdi. — Tasse.

22 **L'Artiste.** Portraits de femmes, gravés : Fix. — Georges (en pied). — Georges. — Luciana Mariani. — Ristori (en pied) Ristori.

23 **L'Artiste.** Portraits d'hommes lithographiés : Barye. — Chaponnière. — Chaplin. — Cuizard. — Hauman. — Arsène Houssaye. — Janin. — Ligier. — de Nieuwerkerke. — Paganini. — Philarète Chasles. — Romey. — Sandeau. — De Vigny.

24 **L'Artiste.** Portraits de femmes lithographiés ; Rose Chéri. — Dietz. — Dorval. — Impératrice Eugénie. — Juliette. — Caroline Lefèbvre. — Piccolomini. — Ruiz.

25 **Panthéon.** Collection uniforme de 160 portraits de personnages illustres dans la littérature, les sciences, les arts, la politique dessinés par *Bertonnier, Boilly, Dequerauviller, Durupt, Dutillois, Gros, Isabey, etc., etc.*, gravés par *Blanchard, Goulière, Joubert, Lefèvre, Migneret, etc., etc.*

26 **Personnages** politiques de 1848 et du second Empire. 18 portraits in-8, gravés.

27 **Personnages** célèbres dans la littérature et les beaux-arts. 27 portraits in-4 gravés au burin et à l'eau-forte, quelques uns extraits de *l'Artiste*. Arnal (2) — Emile Augier. — Hector Berlioz. — J. Ch. Brunet. — Clésinger. — De Cuizard. — Decamps. — Delacroix. — Delavigne (2) — Drolling. — Duret. — Alphonse Esquiros. — Emile de Girardin. — Ingres (3) — Jules Janin. — Alfred de Musset (2) — Pradier. — Rude. — George Sand.

28 **Personnages** célèbres. 27 grands portraits, gravés au burin et à l'eau-forte. André del Sarte (2). — Edmund Burke. — Luigi Boccherini. — Cuvier. — Charles-James Fox. — Le Général Hoche. — Victor Hugo d'après Bonnat. — Ingres. — Lamartine. — Bernard Lorentz. —

Achille Malavasi. — Joseph Odevaere. — O'Connell. — Pie VII (3). — Poniatowski. — Salvator Rosa. — Washington, etc., etc.

29 **Fetits portraits** (35) d'auteurs classiques : Rousseau. — Corneille. — Buffon. — Boileau. — Racine. — Cervantès. — Gresset. — Destouches. — Lafontaine. — Delille. — Ducis. — Marmontel. — Montesquieu. — Parny. — Le Sage. — Sévigné, etc., etc.

30 **Petits portraits** historiques, coll. de 25 portraits en médaillon.

31 **Plutarque français.** Collection de 90 portraits en pied, légèrement gravés, classée en 4 séries.

32 **Portraits** gravés et lithographiés de 12 Papes, Cardinaux, Archevêques et Evêques : Léon XII. — Pie VI. — Grégoire XVI. — Pie IX. — Cardinal Fesch. — Mgr Landriot. — Mgr Gros.

33 **Portraits** gravés sur bois, du procédé Colas et photographiés. Sous ce n° 300 portraits historiques et littéraires classés.

34 **Révolution.** 29 portraits gravés, in-8 : Danton. — Barrère. — d'Herbois. — Barbaroux. — Santerre. — Brissot. — Bailly. — Lafayette. — Marat. — Robespierre. — St-Just. — Barnave. — Pétion, etc., etc.

35 **Russie.** 17 portraits in-4, gr. : Empereurs, Impératrices, Personnages illustres, etc., etc., peints par *Benner* et gravés par *Mecou, C. Johannot*, etc., etc.

36 **Saints** et Saintes. 18 portraits de tous formats.

37 **Saints** et Saintes. 23 portraits in-4 et in-fol.

38 **Tardieu.** Collection de 130 portraits in-8, gr.

1° 104 portraits : Généraux, Maréchaux, et autres personnages militair. du 1er Empire.

2° 26 portraits. Personnages appartenant à la politique et à la littérature.

38 **Vernet** (Horace). 8 portraits en lithogr.

II. Portraits lithographiés.

878 **ASSEMBLÉE NATIONALE.** Galerie des représentants du peuple, 1848-49. 40 portraits tirés sur Chine :

Ch. Abbatucci, D'Aubermesnil, Bissette, Bourdon, Cassal, Chevallon, Crestin, Dambray, Delafosse, Desjobert, Desmousseaux, De Givré, Dezeimeris, De Douhet, Th. Ducos, Dufaure, Dusolier, Dutreil, Eschasseriaux, De Flotte, De Greslan, De Grouchy, Harscouët, De St-George, De Laborde, Lebreton, l'abbé Le Crom, Legros Devot, Loyer, De Ludre, Maigne, Martin, De Melun, De Montigny, Pory Papy, Paulmier, De Plancy, De Surville, Taillefer, La Tourette, Trousseau, Vaulabelle.

879 BELLIARD. 14 gr. portraits lith. par *Delpech.*

1 Buonaparte, Carrier, Davoust, Desaix, Joseph Lebon, Lebrun, Pichegru, Suchet. 2 M* Deshoulières, Ninon de Lenclos, M* de Parabère, Mme Eléonore Rabut, Marie Taglioni.

880 BEAUME (J.). 6 portraits ovales, lith. par *Vilain.*
Eustache Le Sueur, Jean Goujon, Bayard, Philippe Quinault, Duméril.

881 BOILLY. Institut Royal de France (1820-23). 144 portraits in-4 des Membres de l'Académie des Sciences, Belles-Lettres et Arts.

882 CENT (Les) et un Rois et Reines de France. 42 portraits en pied, in-8.

883 DÉCAMÉRON DRAMATIQUE (Théâtre français). 9 portraits tirés sur chine :
Mme Allan, Mlle Bonval, Mlle Augustine Brohan, Mlle Denain, Mlle Dubois, Mlle Favart, Mlle Fix, Mlle Nathalie, Mlle Rachel.

884 FEMMES CÉLÈBRES. 39 grands portraits lith. :
Mme d'Altenheim, Louise Auguste Wilhelmine Amélie, Armide, Mme Victoire Rabois, Béatrice Cenci, Béatrix, Elisa Bellon, Mme la Baronne de Carlowitz, Mme la Dauphine, Mme Delagrange, Mme la Comtesse d'Hautpoul, Didon, Mme A. Dupin, Mme Guizot, Jeanne d'Aragon, Mlle Math. Lebeschu, Hortense Mancini, Marguerite d'Ecosse, Mme Lesguillon, Sophie Paunier, Mme Pasta, Marie Pleyel, Princesse de Salmi, Hélène Vigano, Marie Williams, Ysabel II de Borbon, etc., etc.

885 FEMMES CÉLÈBRES. 40 portraits lith. de tous formats.

886 GALERIES DIVERSES. 42 portraits lith. in-4.
1 Galerie de la Presse, 8 portaits. 2 Galerie du Miroir, 4 portraits. 3 Galerie de la Magistrature, 7 portraits. 4 Galerie Universelle, 23 portraits.

887 GÉNÉRAUX, Maréchaux, Amiraux français et étrangers. 40 grands portraits lithog.
1 Berthier, Brune, Canrobert, Charette Prince Eugène, Langermann, Lefebvre, Baron Maransin, Niel, Sébastiani. 2 Généraux étrangers. 3 Jourdan, Brossard, Changarnier, Ney, Niel, St-Arnaud, Dupetit-Thouars. 4 Général Cavaignac, 7 portraits.

888 GÉNÉRAUX, Maréchaux, Amiraux, 26 portraits lith. in-8.

889 GÉRARD DE BRUXELLES. Galerie de Maréchaux et Amiraux. 38 portraits en pied gr. in-8 tirés sur chine.

890 GRÉVEDON. 26 grands portraits de femmes célèbres lith. :
La Belle Feronnière, Zoé, Princesse de Lamballe, Duchesse d'Orléans, Marie-Antoinette, Mme Roland, Charlotte Corday, Mlle Heinefetter, Aglaé, Mlle Léontine Fay, Mlle Jawurek, Mlle Falcoz, Mlle Sontay, Madame Royale, Ursule, Ketty, Béatrix, Xima, Marie Pauline, Madame Elisabeth.

891 GRÉVEDON. 34 grands portraits d'hommes célèbres, lith.
Marquis de Bouillé. — Barnave. — Beurnonville. — Chenier. — Cathelineau. — Charette. — Danton. — Delille. — Ducis. — L'abbé Edgworth. — Gontaut Biron. — Fouché. — Gouvion St Cyr. — Hérault de Sechelles. — Henri Herz. — Kellermann. — Lafayette. — Lepelletier. — L'abbé Maury. — Marceau. — Macdonald. — Marat. — Necker. — Poniatowski. — Robespierre. — Rossini. — Spontini. — Saint-Just. — Tulou. — Valence.

892 HESSE (1823-25). 23 grands portraits de personnages célèbres, lith. par *Delpech, Langlumé et Vilain.*
Annibal Carrache. — Ph. de Champagne. — Claude Gelée. — David. — Dumourier. — Greuze. — Le Guerchen. — Larochejacquelein. — Lally Tollendal. — Lesueur. — Lulli. — Merlin de Douai. — Monge. — Mounier. — Paoli. — Pastoret. — Petion. — Roland. — Madame de Stael. — Talleyrand. — Vandyck, etc., etc.

893 **HOMMES CÉLÈBRES** dans la littérature, les sciences et les arts. 54 grands portraits lith.

Archimède.— Ali Pacha.— Louis Adam. — Alex. de la Borde. — Boissy d'Anglas. — Ch. duc de Bourbon.— Bérard. — Bonchamp.— J. P. Boyer (Haïti).— Bovy Lysberg. — O' Connell.— Calvimont. — Concone.— Benjamin Constant.— Dupont de l'Eure. David. — De Dombasle. — Députés (groupe de).— Denon. — Ch. Duval. — Fasileau. Guy de Gisors. — Stephen Heller. — Jacquemont. — Leroux. — Lecarpentier. — Dey d'Alger. — La Crételle. — Lamenais.— Marchangy. — Mirabeau. — Mocker. — Pictor. — Raucourt. — Richelieu. — Ravina. — Richelme. — La Rochejacquelein. — Walter Scott. — St Sernin, etc. etc.

894 **HOMMES CÉLÈBRES** dans la littérature, les sciences et les arts. 72 portraits in-4, lith.

895 — 56 portraits in-8, lith.

896 — 61 portraits de tous les formats, lith.

897 **LACAUCHIE** (A.). 20 portraits en pied in-8. Personnages de la Révolution :

Boissy d'Anglas. — Barnave. — Danton. — Marat. — Necker. — Barbaroux. — Cathelineau, etc., etc.

898 **LECOMTE** (Hte). 5 portraits lith. en pied.

Massier de l'Université de Paris. — Duc de Bellegarde. — Le Chancelier d'Aguesseau. — Connétable de Montmorency. — Montluc.

899 **MAURIN**. 47 grands portraits de personnages illustres, lith.

1° Barberousse, Canning, de Choiseul, Carle Dujardin, Le Dominicain, Double, Etienne, Fieschi, Furtado, Girodet, Le Guide, Vander Helst, Leissegues, Lucas, Morey, Marc, Nelson, Nestcher, Richerand, Regnard, Andre del Sarte, Le Titien. 2° Bach, Barras, Me Campan, Benjam, Constant, Corelli, Jeanne d'Aragon, Desborde Valmore, Drouot, Dussek, M. Dufrénoy, Fabvier, Lacépède, Masséna, Pair, Pajol, Casimir Périer, Sieyès, Strauss, etc., etc.

900 **MAUZAISSE**. 36 grands portraits lith. de personnages célèbres.

Caroline de Brunswick, Bailly, Bernadotte, Bessières, Calonne, Custine, Carnot, Duc d'Enghien, Hoche, Van-Huissim, Hemling, Kléber, Louis XVI, Louis-Charles Dauphin, Lauriston, Lucas de Leyde, Léonard de Vinci, Malesherbes, Moreau, Mirabeau, Mornay (Duplessis), Murillo, Miéris, Duc d'Orléans, Prud'hon, Raphaël, Rubens, Tintoret, Vélasquez, etc., etc.

901 **MUSICIENS** célèbres. 25 grands portraits lithographiés.

902 — 34 portraits, in-8 et in-4, lith.

903 **PRÊTRES**. Evêques. Archevêques. Religieux. 32 grands portraits lith.

904 — 38 portraits in-8 et in-4, lith.

905 **RULLMANN**. 6 portraits lith. ovale in-4 : Barthélemy d'Herbelot, Caylus, Duplessis Mornay, Malherbe, Michel de Montaigne, Pothier.

906 **SUDRE** (P.). 9 grands portraits lith. ovale : Boileau, Condé, Corneille, Le Brun, Le Sage, J. B. Rousseau, Santeuil, Vaucanson, Joseph Vernet.

907 **SUJETS RELIGIEUX**. 35 portraits lith., de tous formats.

908 **THÉATRE**. 61 portraits de femmes lith., de tous formats et classés par séries.

909 — 60 portraits d'hommes lith. de tous formats et classés par séries.

910 — Sous ce numéro 43 portraits lith. en tous genres et de tous formats.

III. Familles royales et impériales de France.

911 Clovis à Henri III. 56 portraits anciens et modernes de tous formats. Portraits à part de Louis XI, Henri II et François 1er, in-fol.

912 Henri IV. 23 portraits :

1 Famille royale de France. Branche des Bourbons.
2 Henri IV, enfant, peint par *Janet*, gravé par *Tardieu*.
3 Henri IV à l'âge de 15 ans, gravé à Genève par *Schenker*.
4 Henri IV par *Porbus*, gravé par *Chenu*.
5 Henri IV par *Lepicié*, gravé par *Moitte*.
6 Henri IV Le Grand, par *Marillier*, gravé par *Duhamel*.
7 Henri IV par *Porbus*, gr. par *Ruotte*.
8 Henri IV dessiné par *Lancrenon*, gravé par *Forster*.
9 Henri IV par *Boilly*, lith. par *Villain*.
10 Henri IV. Lot de 14 portraits.

913 Henri IV. 8 gravures.

1 — 2 statues équestres gravées par *Pauquet*.
2 — 6 eaux-fortes relatives à la vie de Henri IV et à ses amours.

914 Louis XIII. 7 portraits.

1 Louis XIII par *Champagne*, gravé par de *Lorraine*.
2 Anne d'Autriche.
3 Lot de 5 portraits.

915 Louis XIV. 19 portraits.

1 Louis XIV par *Rigaud*, gravé par *Henrique*.
2 Louis XIV par *Le Brun* et *Moreau le jeune*.
3 Louis XIV. Lot de 17 portraits.

916 Louis XV. 14 portraits.

1 Louis XV, in-fol. ovale ornementé.
2 Louis-Philippe, duc d'Orléans, peint par *De l'Orme*, gravé par *Le Beau*.
3 Louis XV et Famille. Lot de 12 portraits.

917 Louis XVI et Louis XVII. 48 portraits.

1 Louis XVI et Marie-Antoinette. 2 portraits dessinés et gravés par *Pierron*. In-4.
2 Louis XVI et XVII. Marie-Antoinette, Marie-Élisabeth. 4 portraits in-fol. gravés à la manière noire.
3 Louis XVI et Marie-Antoinette. 2 portraits in-4 gravés, tirés des Tableaux historiques de la Révolution.
4 Louis XVI et Marie-Antoinette, 2 portraits in-4, dessinés par *Nicollet*, gravés par *Le Beau*.
5 Louis XVI. Adieux à sa famille.
6 Louis XVI, Marie-Antoinette et Louis XVII dans un médaillon d'après *Sauvage* et *St Aubin*.
7 Marie-Antoinette. Portrait colorié, réimpr. moderne par *Boussod, Valadon*, encadré.
7 bis — Superbe réimpression moderne édit. par Weil, in-folio, encadré.
8 Marie-Antoinette. Grand portrait encadré, peint par *Rossline le Suédois*, dessiné par *Monenteuil*, gravé par *Roger*. Imprimé par Chardin aîné, édité par Dupont aîné.
9 Louis XVI et sa Famille. Lot de 6 portraits.
10 Louis XVI et sa Famille. Lot de 13 portraits.
11 Louis-Philippe, duc d'Orléans, peint par *De l'Orme*, gravé par *Le Beau*.
12 Louis-Philippe Joseph, ci-devant duc d'Orléans, par Levachez et Duplessis Bertaux ; dés Tableaux historiques de la Révolution.
13 Louis XVI et sa Famille. Lot de 10 portraits.

918 Napoléon Ier et Napoléon II. 95 portraits.

1 Bonaparte à l'âge de 22 ans, portrait par Greuze gr. par *A. Blanchard*, sur chine.
2 Bonaparte Premier Consul, gravé à la manière noire par *Lavachez* ; des Tableaux historiques de la Révolution.
3 L'Empereur et l'Impératrice. 2 grands portraits en médaillon avec bas-reliefs et motifs historiques dessinés et gravés par *Duplessis-Bertaux, Chasselat, Lerouge et Bovinet*.
4 Napoléon 1er en empereur romain. Grand portrait de *David*, épreuve à l'état d'eau-forte non terminée.
4 bis Napoléon Empereur, 1814, fac-simile d'aquarelle d'après *Isabey*, édit. par *Boussod, Valadon*.
5 Napoléon en 1815, peint à cheval par *Horace Vernet*. Grande lithographie de *Marien Lavigne*.

6 Napoléon Iᵉʳ abdiquant, d'après *Paul Delaroche*. Superbe étude lithographique aux deux crayons par *Emile Lassalle*.

7 Napoléon 1ᵉʳ. Allégorie, grande pièce gravée au pointillé par *Picot*.

7 *bis* Joséphine, fac-simile d'aquarelle d'après *Isabey*, édit. par *Boussod, Valadon*.

8 Impératrice Marie-Louise. Grand portrait de *Desenne*, gravé par *Bertrand*.

9 Napoléon 1ᵉʳ. Lot de 32 portraits gravés.

10 Napoléon 1ᵉʳ. Lot de 10 portraits lithographiés.

11 Napoléon 1ᵉʳ. Lot de 12 sujets de famille.

11 *bis* Le roi de Rome, fac-sim. d'aquarelle d'apr. *Isabey*, édit par *Boussod, Valadon*.

12 Napoléon II, Duc de Reichstadt. Lot de 13 portraits gravés et lith.

13 Napoléon 1ᵉʳ et sa famille. Lot de 16 portraits.

919 Médaillon Bas-relief de *Sayet*, statuaire, représentant tous les membres de la Famille du Roi Louis-Philippe Iᵉʳ. Grande planche lith. par *Emile Lassalle*.

920 Louis XVIII. 50 portraits.

1 Famille royale. 5 petits médaillons coloriés.

2 Louis XVIII, grand portrait dessiné par *Bouillon*, gravé par *Audouin*.

3 Louis XVIII le Désiré. Portrait en pied de *Décrouant*.

4 Louis XVIII. Lot de 13 portraits gr.

5 Duc et Duchesse de Berry. 2 grands portraits dessinés par *Bourdon et Hesse*, gravés par *Audouin*.

6 Duc de Berry. Lot de 7 portraits gravés et lith.

7 Duchesse de Berry, grand portrait dessiné et gravé par *Gudin*.

8 Duchesse de Berry. Lot de 6 portraits gravés et lith.

9 Duc d'Angoulême. Lot de 7 portraits in-4 et in-fol. gravés et lithographiés.

10 Duchesse d'Angoulême, peint par *Vauthier*, gravé par *Gérard*.

11 Duchesse d'Angoulême. Lot de 7 portraits gravés.

12 Comte d'Artois, grand portrait en pied peint par *Callet*, gravé par *Massard*.

13 Comte d'Artois, 2 portraits gravés.

14 Mademoiselle d'Artois, grand portrait dessiné d'après nature par *Parizeau* et gravé par *Badoureau*.

921 Charles X et sa famille. 9 portraits in-8, in-4 et in-fol., gravés et lith.

922 Louis Philippe et sa famille. 30 portraits.

1 Louis Philippe d'Orléans, peint par *Gérard*, gravé par *Lignon*.

2 Louis Philippe 1ᵉʳ, grand portrait en pied.

3 Louis Philippe 1ᵉʳ, grand portrait lith. de *Mauzaisse*, 1824.

4 Louis Philippe 1ᵉʳ, grand portr. lith. par *Mauzaisse*, sur chine, 1830.

5 Marie Amélie, Reine des Français, lith. par *Maurin*.

6 Louis Philippe 1ᵉʳ. Lot de 14 portraits, gravés et lith.

7 Louis Philippe 1ᵉʳ. Lot de 11 portraits, gravés et lith. des Princes ses enfants.

923 **NAPOLÉON III** et sa famille. 29 portraits en tous genres, gravés et lith.

924 **RÉUNION** de 10 petits médaillons coloriés, portraits de la famille impériale.

VIGNETTES

I. Suites de livres classées par auteur illustré.

925 **ABRAHAM BOSSE**. Suite de 1 portrait, 1 frontispice et 12 figures pour *La Pucelle ou la France délivrée, de Chapelain*.

926 **ANQUETIL** et **GALLOIS**. Suite de 81 gr. pour l'*Histoire de France*.

927 **BÉRANGER**. Portraits et gravures pour l'illustration de ses Œuvres. 1· 16 vignettes gravées sur acier. — 2· 30 vignettes gr. sur bois d'après les dessins de *Grandville*.

928 **BERGERET**. 9 gravures pour l'illustration de *La Fontaine*.

929 DELAVIGNE (C.). Suite de 14 gravures pour illustrer ses œuvres, dessinées par *Delaroche, A. Johannot, Marckl*, etc , etc.

930 DUPLESSIS-BERTAUX. 68 vignettes appartenant aux diverses séries : Marchand ambulant. — Métiers divers. — L'enfant prodigue — La cavalerie.

931 DESENNE. Suite de 73 gravures pour les *Œuvres complètes de Voltaire.* Épreuves tirées sur chine.

932 ESOPE. Fables. Suite gravée ancienne de 66 vignettes découpées d'un texte (vignettes à mi-page).

933 FLORIAN. Diverses suites anciennes et modernes pour illustrer Florian : 20, 14, 17, 10.

934 GAVARNI. Vignettes gravées pour illustrer *Monte-Cristo*, suite de 14 pièces

935 GRASSET St-SAUVEUR. Encyclopédie des voyages. 1795-96, 124 pl. coloriées.

936 GUERINIÈRE (Robichon de la). L'art de monter à cheval. Suite de 1 portrait et de 30 gravures.

937 LA FONTAINE. Suites pour l'illustration des *Fables.*

1 de **Simon et Coiny**, série de 18 fig.
2 Fragments de 2 suites anciennes, 12 pièces l'une.
3 de **Howitt**. 12 eaux-fortes.
4 Petites vignettes gravées, suite de 93 fig.
5 de **Desenne**. Série de 76 fig.
6 série de 175 gr. sur bois.

7 de **Hte Lecomte et Carle Vernet**, 11 lithographies.
8 de **Tony Johannot**, 8 fig.
9 de **Grandville**, 70 gr. sur bois dont 9 de coloriées.
10 **Gustave Doré**. 33 grandes gravures sur bois.
11 12 planches de tous formats.

938 LA FONTAINE. Les amours de Psyché et de Cupidon. de La Fontaine. Suite de 8 figures par *Moreau le Jeune*, gravées par *Dambrun, Duhamel, Dupréel*, etc.

939 LA FONTAINE. Suites pour l'illustration des *Contes.*

1 de **Lancret, Pater, Vleughels**. etc., etc. 9 pièces de la réduction.
2 des **Fermiers Généraux** et autres similaires du XVIII, suite de 20 pièces.
3 de **Duplessis Bertaux**, tirage moderne, suite de 71 pièces.

4 d'**Hersent et H. Vernet**. Lith. de P. Delpech, 7 pièces.
5 de **Chasselat, Colin, Desenne, Dugoure**, suite de 67 pièces.
6 de **Devéria, Desenne et Tony Johannot**, suite de 11 pièces.

940 MOLIÈRE. Portraits, suites pour illustrer les *Œuvres.*

1. 10 petites gravures de *Boucher*.
2. 12 grav. sur acier de *Riffaut*, in-4.
3. 12 petites gravures de *Desenne*.

4. 6 gravures de *Vernet*.
5. 12 gravures petites et grandes sur Molière.

941 NODIER (Ch.). Suite de 8 vignettes gravées à l'eau-forte par *Tony Johannot* et tirées sur chine pour illustrer ses *Contes* (1845).

942 PERRAULT. Gravures et lithographies pour illustrer ses *Contes*. 40 planches extraites de suites anciennes et modernes.

943 RACINE. Suites gravées pour l'illustration des *Œuvres* de Racine.

1. 11 fig. de *Gravelot* (1768).
2. 12 fig. de *Moreau* (1811).
3. 46 fig p. *Chaudet, Gérard, Girodet, Moitte*, etc., pour l'éd. 1801-1805,

in-fol.
4. — 34 fig. doubles des précédentes.
5. 9 fig. de *Chaudet, Gérard*.
6. 16 fig. diverses.

944 RAFFET. Scènes historiques. 19 pièces gravées extraites de livres.

945 SCRIBE. Vignettes gravées de *Tony Johannot* pour l'illustration de ses *Œuvres*. 40 planches.

946 SHAKESPEARE. Sujets gravés, lith. tirés des *Œuvres* de Shakespeare. 8 gr. pl. dont 1 lith. de *Devéria* et *Boulanger*, coloriée pour *Roméo* et *Juliette*.

947 WALTER SCOTT. Sujets lith. tirés de ses Œuvres.
1. *Devéria*. 8 gr. lith. pour *Quentin Dur-ward*. | 2. Sujets variés (5).

948 WALTER SCOTT. Gravures pour l'illustration de ses *Œuvres*.
1. *Fragonard*. Quentin Durward. *Delacroix*. Rebecca et le Templier. 2 grandes plan- | ches. 2. Vignettes variées (58).

II. Suites diverses.

949 ALMANACHS. Chansonniers. Hommage aux Dames. 30 vignettes signées des meilleurs artistes.

950 ANTIQUITÉS. 235 fig. gr. découpées, in-18, in-8 et in-4.

951 BIBLE (Sainte). Ancien et Nouveau Testament. 250 gr. sujets anciens et modernes en 6 séries, par *Marillier*, etc., etc.

952 BIBLE (Sainte). Ancien et Nouveau Testament. 1000 à 1200 découpures. 7 séries.

953 COSTUMES militaires par *Charlet, Jacques, Lami, Pauquet, Penguilly*. 38 planches gravées sur bois des Français peints par eux-mêmes.

954 DÉCOUPURES de livres illustrés des XVe, XVIe, XVIIe et XVIIIe siècles, gravures sur bois et sur acier. 4 séries classées contenant 750 gravures.

955 DÉESSES de l'Antiquité. 87 pièces anciennes gravées en 3 séries.

956 ECOLES de Peinture : Française, Hollandaise. 92 gravures in-8.

957 FASTES de la Gloire, 39 fig. — France Maritime, 52 fig. — France Pittoresque, 22 fig. — Histoire de l'armée, 10 fig. — Histoire de la marine, 5 fig. Ensemble 128 fig.

958 FRANÇAIS (Les) peints par eux-mêmes. Gravures sur bois coloriées extraites de la publication. 85 planches de *Charlet, Gavarni, Johannot, Meissonier, Monnier, Pauquet, Penguilly*, etc., etc.
959 — Id. 142 planches en noir.

960 GRAVURES et vignettes au trait.
1 Adonis, Daphnis et Chloé, Phrosine et Melidor, Psyché. 18 pl.
2 Annalles du Musée Landon. 236 planches.
3 Bible. Histoire de l'Ancien et du Nouveau Testament par l'abbé *James*. 99 pl.
4 Diverses publications. 80 pl.
5 Ecoles de Peinture : Française, 129 pl., Flamande 68 pl., Italienne 104.
6 *Flaxman*. Compositions pour Homère. 41 pl.

7 Galerie de M. Massias. 70 planches.
8 Journal des Artistes. 73 pl.
9 Monuments de sculpture anciens et modernes. Musée des monuments français. 56 gr. pl.
10 Musée Révoil. 546 planches.
11 Salons de 1808 à 1827. 228 pl.
12 Victoires et Conquêtes des Français. 23 grandes pl.

961 GRAVURES sur bois (XIXe s.).
1. 12 séries comprenant 1.000 pièces extraites de livres illustrés par Gavarni, Grandville, etc., etc. | 2. 6 séries comprenant 820 pièces découpées de Journaux et publications historiques, littéraires et artistiques.

962 GRAVURES et eaux-fortes. Recueil de 84 pièces en 3 séries.

963 GRAVURES en tous genres. 380 pièces classées en 10 séries extraites des publications modernes ayant trait à la littérature française et étrangère.

964 HISTOIRE de France, par les monuments, les costumes, les portraits. 200 planches in-12 et in-8 extraites de divers ouvrages historiques.

965 HISTOIRE de France, depuis les origines jusqu'à nos jours. 12 séries classées contenant 296 gravures in-8.

966 HISTOIRE de la Révolution française.

1 *Duplessis-Bertaux et Moreau Le Jeune*. 16 fig.
2 *Raffet*. 20 fig.
3 *Ary Scheffer et Tony Johannot*. 160 fig.
4 Pièces révolutionnaires (17).

967 HISTOIRE de la Révolution, du Consulat et de l'Empire. 53 fig. diverses.

968 HISTOIRE de Napoléon 1er. Batailles. 25 grandes planches.

969 HISTOIRE de la police, 2 fig. — Histoire des vieux châteaux de France, 3 fig. — Histoire des religions, 7 fig. — Histoire des tribunaux secrets, 20 fig. — Histoire des voyages et naufrages, 11 fig. Ensemble 43 fig.

970 VIGNETTES. Vignettistes des XVIIe, XVIIIe s. pour livres classés par Dessinateurs. Suites et fragments de suites.

1 *Binet*. 13 fig.
2 *Borel*. 6 fig.
3 *Boucher*. 9 fig. de la petite suite Molière.
4 *Cochin*. 22 fig. dont 7 in-4 de la superbe suite gravée par *B. L. Prevost* pour l'Histoire de France.
5 *Eisen*. 118 fig. en 6 séries, dont 2 modernes. Dorat, Les Baisers, 37 fig. et Tarsis et Zélie, 19 fig.
6 *Fokke*. 7 fig.
7 *Freudeberg*. 5 fig. de l'Heptaméron.
8 *Gravelot*. 127 fig. dont 18 pour le Racine in-8, 7 p. le Voltaire in-4, 16 p. l'Iconologie.
9 *Le Barbier*. 14 fig.
10 *S. Le Clerc*. 7 fig.
11 *Marillier*. 97 fig. dont 24 pour Homère. 40 pour les Voyages imaginaires et les Œuvres de Prévost. 10 pour les Œuvres de Dorat.
12 *Martinet*. 9 fig.
13 *Monnet*. 21 fig. dont 4 pour les Romans de Voltaire.
14 *Moreau le jeune*. 90 fig. dont 21 pour l'Histoire des Deux Indes. 25 pour le Nouveau Testament. 5 pour les Grâces. 6 pour Rabaud Révolution.
15 *Bernard Picart*. 6 fig.
16 *De Sève*. 7 fig.
17 *Saint-Aubin*. 12 fig. pour l'Histoire Romaine.

971 VIGNETTES. Vignettistes des XVIIe et XVIIIe siècles pour livres, classés par auteurs illustrés. Suites et fragments de suites.

1 *Boileau*. 11 fig. dont 5 sur chine par *Choquet, Roehn, et Hersent*.
2 *Cervantès*. 109 fig. en 9 séries in-12 et in-8 pour illustrer Don Quichotte.
3 *Fénelon*. Télémaque. 112 fig. dont 3 par *Cochin*, in-4, tirage bistre. 12 par *Monnet*, in-4 obl.
4 *Longus* 14 fig. dont 7 de *Prud'hon, Gérard et Hersent*.
5 *Millin*. Galerie mythologique, 50 fig.
6 *Ovide*. 44 fig. par *Boucher, Eisen, Gravelot, Monnet, Moreau*, etc., etc., réduction in-8.
7 *Rousseau (J.-J.)*. 52 fig. en 4 séries dont 6 fig. de *Cochin*, gravées par de *Launay*, pour illustrer l'Emile, in-4.
8 *Virgile*. 96 fig. dont 22 de *Pinelli*, in-4 obl.
9 *Voltaire*. 52 fig. dont 44 de *Moreau le jeune*.
10 Sous ce n° 250 fig. en 3 séries.

972 VIGNETTES. Vignettistes du XIXe siècle pour livres, classés par auteurs illustrés. Suites et fragments de suites.

1 *Bouilly*. 25 fig.
2 *Chateaubriant*. 93 fig.
3 *Delille*. 18 fig.
4 *Florian*. 11 fig.
5 *Victor Hugo*. 32 fig.
6 *Lamartine*. 19 fig.
7 *Regnard*. 10 fig.
8 *Rousseau (J.-J.)*. 45 fig.
9 *Bernardin de St Pierre*. 55 fig. dont
5 grandes par *Laffitte, Isabey, Girodet, Gérard et Moreau le jeune*, et 50 de *Corbould*, toutes pour illustrer Paul et Virginie.
10 *Tasse*. 6 fig.
11 *Virgile*. 6 fig.
12 *Voltaire*. 54 fig. de 5 séries.
13 Sous ce n°, 141 fig. en lots.

973 VIGNETTES. Vignettistes du XIX° siècle pour livres, classés par dessinateurs. Suites et fragments de suites.

1 *Chasselat.* 10 fig.

2 *Colin.* 4 fig.

3 *Desenne.* 180 fig. à médaillons ornementés, en 6 séries en épreuves de choix sur chine avant lettre et en état d'eaux-fortes non terminées.

4 *Déveria.* 12 fig.

5 *Girodet.* 8 fig.

6 *Johannot* (Alfred et Tony). 30 fig.

974 VIGNETTES de toutes les époques, de tous les genres et de tous les formats. Environ 450 fig. subdivisées en 17 séries classées.

BORDEAUX ET RÉGION

I. Artistes Bordelais.

975 BERGERET. Eaux-fortes, 3 pièces, épreuves d'état.

976 — Honneurs rendus à Raphaël après sa mort, gravure à l'eau-forte par *Pauquet*, terminée au burin par *Sixdeniers*, d'après le tableau de Bergeret exposé au Salon de 1806.

977 — La même gravure à l'état d'eau-forte.

978 — Fac-similé d'un dessin original d'après *Léonard de Vinci*.

979 — Vénus entrant au bain. — Vénus partant pour Cythère. 2 pièces gr. par *Alix.*

980 — Vénus entrant au bain, pièce en couleur gravée par *Alix.*

981 BRASCASSAT. Superbe eau-forte : Loups poursuivant des moutons, offerte à M. Lacour par son bien affectionné élève Brascassat (*signature autographe*).

982 BRUN. 3 gravures dont une, *les Inconcevables*, composée, dessinée et gravée à l'eau-forte par *Brun*, 1797.

983 — 3 lith. dont une grande de *Gaulon* : Mort de Fualdès.

984 GALARD (G. de). 1° Album Bordelais, sujets séparés coloriés : Constant, 1er comique du théâtre. — Marchande de blé d'Espagne. — Marchand de cordes.

2° — Recueil des divers costumes des habitants de Bordeaux et des environs. Sujets séparés.

2 Marchande de lait.
4 Marchand de lait.
7 Charbonnier.
8 Marchande de fraises.
10 Portefaix.
11 Artisane,
12 Jeune fille de la Teste.
13 Bergère des Landes.
14 Berger des Landes.

15 Berger des Landes.
18 Grisette.
20 Femme de Blaye.
22 Marchand de Volaille.
23 Femme de La Roque.
28 Marchande de poulets.
29 Paysan du Médoc.
32 Pompier de la ville.

3° — Planches coloriées publiées à part.

1 Les extrêmes se touchent. Richeford et Cordova.

2 Trois quart. La Barbe en fume.

— 51 —

4º Portraits gravés.

1 Le Général de Loverdo.	3 Hippolyte Larsonnier.
2 Napoléon, col. Très rare.	4 Montano dans le Calife de Bagdad.

5º Portraits lithographiés.

1 Mlle Montano.	4 Mlle Eliza (Jacobs).
2 Lecouvreur.	5 L'Abbé Desmazure.
3 Charlotte de Lamouroux.	6 Avrillon. Lith. équestre. 2 états.

985 **GOYA** (Francisco). Étude sur sa vie et ses travaux. Notice biographique et artistique accompagnée de photographies d'après les compositions de ce maître par M. G. Brunet. *Paris, Aubry*, 1865, in-4, br.

986 **GRATELOUP** (de).

1· 5 petits portraits gravés : Dryden. Soldat romain. Grateloup. L'Espagnolette. Louis XV.	2· 3 petits sujets gravés d'après *Callot*.
	3· 1 petite vue en trois tirages d'état.
	4· 1 Petit sujet en 3 états.

987 **LACOUR** (Pierre). Arabesques et loges du Vatican. 20 planches. Lith. de *Légé* à Bordeaux.

988 — Mon portefeuille. (Rome). 38 pl. lith.

989 — Souvenirs pittoresques du Mont Dore et de ses environs. Esquisses faites d'après nature et lith. 17 pl.

990 — Mon portefeuille. Rome, Sienne, Florence. 19 planches.

991 — 48 pl. lith. extraites de ses autres œuvres.

992 **LEO DROUYN**. Eaux-fortes extraites ou tirages à part de ses publications locales et régionales. 30 pièces dont plusieurs en épreuves d'essai. Quelques-unes appartiennent à la rarissime publication de l'auteur : *Choix de motifs d'architecture du moyen-âge.*

993 **PALLIÈRES.**

1 Portrait de M· Crétu, actrice du spectacle de Bordeaux. Superbe portrait.	Etat colorié et état d'eau-forte, terminé au burin.
2 Grand frontispice allégorique gravé.	3 Deux grandes gravures collées dos à dos.

994 — 4 lithog. dont 1 Ste-Madelaine.

995 — L'Ecrivain public. Très belle gravure.

996 — Même gravure à l'eau-forte sur chine par *Boissieu.*

997 — Pièce allégorique, gr. par *Legrand.*

998 **PHILIPPE** (Jules). Nouvelle collection de vues de Bordeaux. *Bordeaux, Vve Bisserié-Pascal, s. d.,* 9 lithographies par *Cuvillier*, en feuilles.

999 **SEM.** Deux grandes caricatures. Enceinte du pesage aux Courses. Promenade.

1000 **TAILLASSON.** 3 grandes pièces coloriées, gravées par *Demarteau* en 1786, 1788 et 89.

1 Nymphe de Diane.	3 St-Jean de la Croix.
2 Ste-Thérèse.	

1001 — La Prudence.—La Force surveillante. 2 pièces en couleur gr. par *Massol.*

II. Architecture, archéologie, paysages, portraits, etc.

1002 BORDEAUX. Pièces gravées anciennes.

1 Emblème de la Constitution française, présenté aux Corps adminis-
tratif de Bordeaux.
2 Statue équestre de Louis XV sur la
place de la Bourse.
3 — Même épreuve encadrée.
4 Frontons de la Bourse, sculpture
de *Francin*, gravure de *Fessard*,
3 pièces.

5 Pont de Bordeaux, dessiné par *Guillet*,
gravé par *Lerouge*.
6 Vue de Bordeaux et de ses promenades
du côté du château Trompette. Dessin
de *Bassemon*, gravure de *Choffard*.
7 Plafond du Grand Théâtre peint par
Robin, gravé par *Lemire*, encadré.
8 Port de Bordeaux par *Ozanne*, gr. par
Mixelle.

1003 BORDEAUX. Portraits lith. : V° Bancal. — Beck. — J.J. Bel. — Billaudel.
Combes. — Elisabide. — Félicien. — Flachat. — Garat. — Gauthier. —
Gommès. — M° Guy Stephan. — L'abbé Dasvin. — De Sourdis. — Cazalet.
— Bonheur. — L'abbé Pintaud. — L'abbé Morel.

1004 BORDEAUX. Portraits gravés anciens et modernes : Brascassat. — Cath.
Bancal. — Boucher. — Dupérier. — Furtado. — Garat. — Joseph Kabris,
col. — de Lessart. — Montesquieu. — Montaigne. — Peiresc. — Scaliger. —
Montluc. — D'Aviau. — Saige.

1005 BORDEAUX. Portraits, lithographiés d'artistes ayant joué sur les scènes
des théâtres de Bordeaux.

1° 31 pièces extraites de la *Sylphide*.
2° 18 pièces diverses.

3° 1 belle lithographie, ayant pour titre
Bordelaise.

1006 BORDEAUX. Album Savoyard. 9 petites lith. de *Gaulon* dessinées par
Darmentier.

1007 BORDEAUX et région. Lithographies et gravures. — Vues. — Monuments.
— Archéologie. — Costumes, etc., etc.

1° Planches gr. de Dom Devienne, pour
son histoire de Bordeaux. Planches gr.
du Palais Galien. 12 pièces.
2° Vues de Bordeaux, gr. et lith. 10
pièces dont une coloriée. — 5 plans
et projets relatifs à Bordeaux.

3° 20 lith. dont 2 grandes de *Gonse Légé*,
demeures de Montaigne et Montesquieu.
4° Costumes et Cris de Bordeaux, par *Cla-
veau*, 3 lith. Marchand de beignets.
Marchande de royans. Marchande d'hui-
tres.

1008 BORDEAUX et région. Lith. et gravures extraites de publications locales et
régionales.

1. La Gironde, 14 pièces.
2. Le Lutin, 9 pièces.
3. Kaléidoscope, 7 pièces.
4. Musée d'Aquitaine, 28 pièces.
5. La Grande Sauve. 7 pièces.
6. Vues de la Gironde, gravées sur bois,
15 pièces.

7. Etudes lith. Souvenirs de 1842-44. Co-
lège de Bazas, 23 pièces.
8. Cathédrale de Bazas, sculptures (*P. Lacour*), 15 pièces.
9. Dorgan. Histoire des Landes et autres,
12 lith. et cartes.
10. 65 croquis, petits plans, etc., etc.

1009 AGENAIS. Vues gravées et lith. — Portraits lith. extraits de l'Agenais
illustré. — Portraits de *Jasmin*. 20 pièces.

1010 — Collection de plans originaux : Dépôt de mendicité. — Hôpital. —
Tribunal. — Prisons. — Ex-abbaye d'Eysses. 28 plans.

1011 CHARENTE. Album charentais. Recueil de 12 lith.

1012 GUIENNE historique et monumentale de *Ducourneau*.

1. Motifs archéologiques lithograp., 18
pièces.
2. Types de l'Agenais, lith. col. 2 pièces.

3. Vues lithographiées.
4. Portraits lithographiés.

1013 OLORON SAINTE-MARIE (Béarn). Eaux-fortes et dessins par *Paul Lafond*. Notice par Ed. Louis. *Paris, Ronam, 1885,* in-fol. en feuilles dans un carton. Album de 24 pages de texte et 10 eaux-fortes.

1014 PÉRIGORD.

1. Vues et portraits gravés et lithogr. extraits du *Chroniqueur*, 11 pl.
2. 12 pl. gr. extraites des antiquités de Vesone.
3. Vue générale du Château de Bourdeille et autres vues lith. 6 pl.

1015 PYRÉNÉES. Vues lithographiées.

1. de *P. Gelibert*, lithog. de *Engelmann*. 40 pièces.
2. de *Calame, Dandiran, Mialhe, etc., etc.* 71 pièces.
3. de *E. de Mal. Jacottet*, etc. etc. 48 pièces.
4. Diverses pièces lith. de tous formats.
5. Types des Pyrénées. 15 lith. noires et coloriées.

DIVERS

1016 AFFICHES, Arrêts, Bulles, Edits, Ordonnances, Mandements, Placards, Proclamations, Réclames, Thèses, etc., etc.

1. Arrêts, Bulles, Edits royaux, Mandements. 1660 à 1789. 63 pièces.
2. Thèses (grandes) gravées, en usage chez les Jésuites et qu'ils délivraient au siècle dernier à leurs élèves de Philosophie ou de Théologie. 9 pièces dont 6 pour Bordeaux, 1753-55-73, dont 1 sur soie. 3 pour Périgueux, Toulouse et Paris, 1756, 1770. 1 ayant pour titre : Monument fastueux de la vanité jésuitique, donnant des explications sur ces thèses.
3. Affiches et Placards révolutionnaires.1789 à 1800, 182 documents dont q.q.-uns de Bordeaux, dont 10 pièces relatives au département du Cher et aux biens du Clergé de Bourges, et 6 pièces (Dordogne).
4. Affiches et placards,proclamations,réclames, etc. 1800 à nos jours. 114 documents la plupart relatifs à B`, dont 3 coloriés, se rapportant à la chambre des députés d. 1826.
5. Affiches romantiques. 16 grandes lithogr.
6-7-8. Affiches, réclames, etc. etc. 126 pièces dont quelques-unes avec motifs coloriés.

1017 ALMANACH des Aquafortistes par *Roret* et *Ulm.* 1866, in-4, cart. 13 planches gravées à l'eau-forte.

1018 ANATOMIE ostéologique et artistique. 9 grandes planches sanguines de *Le Clerc* gravées par *Petit.* 22 planches au trait. 9 pl. gr. Dessin, fig. académique.

1019 ART MILITAIRE. Manœuvres d'Infanterie. 17 planches gravées gr. in-fol.

1020 ASSIGNATS et timbres anciens. 30 planches.

1021 BORDEAUX et Région. — Cartes. — Dessins. — Gravures. — Lithographies. — Portraits. — Plans. — Vignettes, etc. Sous ce numéro, 1500 pièces seront vendues par lots.

1022 CALLIGRAPHIE. Ecritures manuscrites, Paléographie, Polytypages, etc.,etc. 255 planches en 5 séries. La 5e série comprend 10 documents anciens sur parchemin.

1023 CARTES à jouer anciennes et modernes. 36 planches contenant environ 300 cartes.

1024 CARTES chronologiques de l'Histoire universelle. 4 grands tabloaux à plusieurs couleurs.

1025 CÉRÉMONIES du culte chez les diverses nations. 160 planches gravées, tirées pour la plupart de l'ouvrage de *Bernard Picart.*

1026 **COUVERTURES DE LIVRES** illustrées par *Cheret*, tirées à part et finement coloriées. 20 planches.

1027 **ESCRIME.** 11 planches anciennes gravées par *Bénard*, contenant 53 figures.

1028 **ETUDES** de paysages d'après nature par *Michallon*. 1 portrait et 5 grandes lithographies en album in-fol. cart.

1029 **FRAGMENTS** coloriés du Moyen-Age, France et Europe : Dyptiques et Tryptiques. Armurerie. Orfèvrerie. Manuscrits, etc , etc. 44 planches.

1030 **GRAVURES** d'Epinal et autres du même genre. 50 feuilles de tous formats grossièrement coloriées. Curieuse collection ancienne.

1031 **IMAGERIE** religieuse, ancienne et moderne. 500 pièces en tous genres et de tous formats, gravées et lithographiées, noires et coloriées. 9 séries.

1032 **JOURNAUX CARICATURES.** Le Bouffon. — Le Diable boiteux. — Le Diogène. — L'Eclipse. — L'Esprit follet. — Journal amusant. — La Lune. — Vie Parisienne. Environ 350 numéros.

1033 — Id. La Lune rousse. — Le Voltaire illustré, 1879-80. 1 vol. gr. in-fol. rel.

1034 **MÉDECINE.** 9 planches lith. par *Gaulon*, relatives à la Pellagre.

1035 **MONASTICON** (Le) gallicanum, par Louis Courajod. *Paris*, 1869, in-fol. de 28 pages de texte et de 169 planches, en feuilles dans un carton.

1036 **NUMISMATIQUE.** 45 planches de médailles-monnaies extraites de diverses publications.

1037 **OISEAUX** coloriés et gravés, extraits des grandes publications ornithologiques. *Bouchard, Huet, Oudart, Martinet, etc., etc.* 50 planches grandes et petites.

1038 **PENDULES.** 170 planches de modèles lith., avec sujets et personnages.

1039 **PLANCHES** gravées de l'Encyclopédie de *Diderot* et *Dalembert*, éditées in-4. Environ 2250 planches.

1040 **PROMENADES** historiques dans le pays de Henry IV (album de la jeunesse du roi de Navarre), publié d'après les notes, dessins et manuscrits de A.-G. Houbigant, par E.-M. François-Saint-Maur. *Pau, Vignancour*, 1864, in-fol. de 42 pages et 15 planches, br.

1041 **PHOTOGRAVURES** tirées sur chine par le procédé Goupil, extraites de l'exposition des Beaux-Arts à l'exposition universelle de 1878. 15 planches.

1042 **PHOTOGRAPHIES.** Reproduction de tableaux anciens et modernes et de monuments. 35 pièces.

1043 **RÈGNE ANIMAL** disposé en tableaux méthodiques. 50 grandes planches gravées.

1044 **SCHWANTHALER** (L.). Mythen der Aphrodite, fries in gyps im neuen kœnigsbaue zu München. *Dusseldorf*, 1839, in-4 oblong de 13 planches gravées au trait, cart.

1045 **TAPISSERIE** (Modèles de). 75 motifs coloriées, extraits pour la plupart de journaux de mode.

1046 **TAUROMACHIE.** Les courses de Taureaux, texte par *Dayot*, illustr. col. par *Luque. Paris, Baschet, s. d.*, in-4, br. couvert. illustrée.

1047 **VOITURES** coloriées gravées, extr. de la Mode ou d'autres publications françaises ou anglaises, 12 planches.

CARTES GÉOGRAPHIQUES, PLANS, PROFILS, VUES.

1048 ATLAS maritime. *Gênes, Gravier*, 1802, gr. in-fol., cart. Frontispice, tableau des pavillons et 35 cartes.

1049 CARTE du dép. de la Gironde et des parties voisines des départements limitrophes, en 9 feuilles et à l'échelle de 1/160.000, in-fol., cart.

1050 GÉOGRAPHIE : Cartes géographiques, Plans, Vues panoramiques, etc., etc. ; toutes pièces extraites pour la plupart des grandes publications anciennes. Atlas de Blaeu, de Fer, de Mercator, de Vaugondy, etc., etc., et classées par parties du monde :

1 Planisphères, 42 pl.	11 Asie. Généralités. 17 pl.
2 Europe. Généralités. 25 pl.	12 — Russe. 3 pl.
3 Europe méridionale. 317 pl.	13 — Orientale. 52 pl.
4 — Centrale, 293 pl.	14 — Antérieure. 40 pl.
5 — Nord ouest. 317 pl.	15 Amérique. Généralités. 8 pl.
6 — Scandinave et Russe. 69 pl.	16 — Boréale. 15 pl.
7 Afrique. Généralités. 10 pl.	17 — Etats-Unis. 20 pl.
8 — Septentrionale. 42 pl.	18 — Centrale. 40 pl.
9 — Occidentale. 11 pl.	19 — du Sud. 52 pl.
10 — Méridionale. 21 pl.	20 Océanie. 38 pl.

1051 GÉOGRAPHIE. France, classée par provinces.

1 Généralités. 58 pl.	72 planches.
2 Guyenne et Gascogne. 84 pl. dont 34 de la carte de Belleyme.	8 Touraine, Orléanais, Berry, Nivernais, Bourbonnais, Auvergne, Marche, Limousin. 49 pl.
3 Béarn, Pyrénées, Pays-Basque, 17 pl.	9 Flandre, Artois, Picardie. 72 pl.
4 Périgord, Quercy, Rouergue. 13 pl.	10 Champagne, Alsace-Lorraine, Franche-Comté, Bourgogne. 73 pl.
5 Lyonnais, Languedoc, Roussillon, Comté de Foix. 52 pl.	11 Savoie, Dauphiné, Provence, Nice. 34 pl.
6 Poitou, Aunis, Saintonge, Angoumois. 57 pl.	12 Paris, Ile de France. 54 pl.
7 Normandie, Maine, Anjou, Bretagne.	13 Corse, Algérie, Colonies. 6 pl.

1052 PIERRE VANDER. Les divers royaumes du monde représentés en taille-douce, où on voit les principales villes, leur plan et leur profil, leur situation et ce qu'elles ont de plus remarquable. Environ 1800 planches gr. subdivisées en 6 séries.

1 Grandes vues panoramiques. 455 pl.	5 Amusements. Cérémonies. Costumes. — Jeux. — Solennités, etc., etc. 371 pl.
2 Petites vues panoramiques. 496 pl.	6 Histoire naturelle. 48 pl.
3 Plans et profils. 300 pl.	
4 Cartes géograph. 225 pl.	

1053 GÉOGRAPHIE. Cartes, plans, gravés sur bois, découpés de la Germania et autres publications similaires. 62 pl.

1054 GÉOGRAPHIE. 35 vues de Hollande extraites d'un atlas ancien.

1055 GÉOGRAPHIE. Petites cartes. Vues et plans anciens de la France subdivisée en Gouvernements. 168 pl. anciennes (genre Tassin).

1056 GÉOGRAPHIE. 121 cartes in-fol. appartenant à un atlas du XVIIIe siècle.

1057 GÉOGRAPHIE. Atlas National illustré de *Levasseur*. 96 cartes coloriées et ornementées.

1058 GÉOGRAPHIE. Lot de 50 cartes, plans, profils, vues, etc., etc., de tous formats.

TABLE DES DIVISIONS

GRANDE IMPRIMERIE DU CENTRE. — HERBIN, MONTLUÇON.